JN438687

이빨에 땀이 나도록

김재환 제4 수필집

이빨에 땀이 나도록

인 쇄 2023년 11월 30일
발 행 2023년 12월 07일

펴낸곳 수필과비평사
주 소 서울시 종로구 삼일대로 32길 36, 301호(운현신화타워 빌딩)
전 화 (02)3675-5633, (063)275-4000·0484·6374 팩스 (063)274-3131
이메일 essay321@hanmail.net, sina321@hanmail.net
출판등록 제300-2013-133호
인쇄·제본 신아출판사

ISBN 979-11-5933-424-5 (03810)

값 15,000원

Printed in KOREA

※ 이 책은 2023년 지역문화예술육성지원사업 보조금을 일부 지원받아 발간하였습니다..

김재환 제4 수필집

이빨에 땀이 나도록

수필과비평사

| 책머리에 |

부끄럽고 두렵습니다. 세 권 수필집을 발간할 때와는 사뭇 다릅니다. 지금 같지는 않았었습니다. 글쓰기 연륜이 쌓일수록 자신감과 뿌듯함이 충만해야 할 텐데 그렇지 않으니 재주 없는 저 자신을 책망하고 한탄할 뿐입니다. 작년 봄날 생애 처음 사흘간 병원 신세를 지고 나서 모든 자신감이 뚝 떨어져 버렸습니다. 몸과 맘이 늘 건강했기에 기고만장하며 건강을 과신했으나 세월이 자연의 순리를 가르쳐 주었습니다. 돌이켜 보면 술을 너무 사랑했기에 육신을 혹사했고, 나만의 일로 마음에 큰 상처를 겪었지요. 세월의 흔적과 더께라고 자위하며 씁쓸히 웃습니다.

서정 수필보다 서사적 사회 비판하는 칼럼류 글이 많습니다. 근래 경제적 선진국 대열에 끼었으나 정치 후진국인 나의 조국 대한민국의 아수라 정치판을 보며 분노가 치밀었습니다. 정치와 사회를 바르게 보다 보니 격한 정치 사회 평론이 되었습니다. 대한민국의 운명을 좌지우지하는 정의롭지 못한 정치가, 법조인, 국회의원, 고급 공무원, 사이비 종교인, 재벌 등, 이른바 금수저 0.05% 귀족들을 실명으로 다

루고 싶었습니다. 지인께서 만류하는 바람에 반反 이니셜로 표기했습니다. 양해 바랍니다. 나이 탓이라 핑계 대며 부끄러워 감추고 싶었던 이야기를 세상 밖으로 꺼내는 철면피한 객기를 부렸습니다.

정의로운 세상은 언제쯤 올까요. 얼마나 멀리 있기에 이리 더디 올까요. 아직도 우리 사는 세상은 악랄한 악인보다, 선량한 선인들이 더 많아 아직 살만한 세상이라 희망적입니다. 혹여 제 글을 읽다가 사상이 확연히 달라서 화나고 마음 아파 짜증 내시는 분도 계실 것입니다. 세상 보는 눈이 어쭙잖아 그러려니 하고 가엽게 이해해 주리라 믿습니다. 글 쓰는 사람은 사회 정의 구현을 위해 정통 언론인보다 더 예리하고 날카롭게 지적하고 말해야 됩니다. 오늘날 작가들이 목소리를 너무 낮추고 기피하는 것 같습니다. 작가 본연의 임무에 충실하여 정의로운 사회 대한민국이 되기를 간절히 소망합니다.

2023년 동지 무렵 산막 대일원에서

금물결 은물결 **김재환**

| 차례 |

제3부 세상 밖으로

제4부 정의로운 세상을 위하여

제5부 스포츠와 함께

제1부

내 안의 갈등

인생 사계

한 해의 길이가 이처럼 짧은 줄 망팔이 돼서야 알았다. 길이가 짧다는 것은 속도가 빠르다는 또 다른 뜻이다. 송구영신, 근하신년 연하장과 문자를 보내다 보면 연말연시가 엊그제 같다. 요즘 와서 부쩍 속도감에 경악한다. 황혼이 멀지 않았나 보다. 사계절도 마찬가지다. 설중매 보며 즐기기도 전에 진달래가 피고 종달새 노랫소리가 사라진다. 매미 울음소리 사라진 지금 40도를 넘나들며 만물을 익히고 찐다. 붉은 서정의 낭만도 잠시, 백설의 세계로 초대된다. 회한의 연말을 맞고 자책하며 가슴 쥐어뜯는다. 화우엽설花雨葉雪, 춘하추동–봄 여름 가을 겨울, 눈 몇 번 깜박이고 심호흡 몇 번 했더니 365일 열두 달이 바람에 구름 흐르듯 빠르게 스쳐간다.

1월, 포부와 맹세

심기일전, 원대한 포부를 새겨 도달할 목표를 설정하고 거창한 계획표를 만든다. 꿈도 많고 할 일도 많다. 남은 세월이 짧아져 가기 때문이다. 여러 단체의 총회나 세미나 등의 모임에 들락거리다 보면 어느덧 훌쩍 한 달이 간다. 이 핑계 저 핑계로 하루가 저물고 일주일은 눈 깜박. "오는 년年 막지 말고 가는 년 잡지 말자."가 내 신조였는데 이제는 "가는 년 꼭 잡고, 오는 년 꼭 막자."로 바꿔야 할 것 같다. 세월은 유수가 아니라 쏜살이다. 산등성이 나목에 눈꽃은 하얗게 반짝이고 강물은 꽁꽁, 눈썰매 타고 스케이트 지치던 소년 시절이 그립다.

2월, 짧은 달 허둥대며

설이다 뭐다 이 모임 저 모임 다니다 보면 이틀 짧은 달은 제트기보다 더 빠르게 지나간다. 참 짧은 달이다. 2월의 속도는 열두 달 중 가장 빠르다. 겨울 보낼 채비하다 눈 속에 움츠린 인동초를 그리며 봄님을 기다린다. 아이들 클 때 학교 입학과 졸업 준비로 분주하고 희망찼던 지난 시절을 회억했다. 각종 사회단체 단체장 맡아 수고해 달라며 사정한다. 지역을 위한 봉사와 희생을 할 것인가? 심신 계발을 위해 조용히 살 것인가 고뇌하며 잠 못 이룬다. 일 잘해라 앞세워 놓고 뒤에서 흔들고 물어뜯는 아수라가 가관이다. 바람 잘 날을 기다릴 필요가 없다. 내 시간이 짧다. 강 얼음 깨지는 소리 쩌렁쩌렁 계곡을 흔든다. 노을이 서산에 뉘엿뉘엿 걸렸다.

3월, 꽃샘추위

설중매의 고고함을 눈 속에서 동백의 절절함을 엿본다. 어린 손자들이 하나둘 입학하고 대지엔 온기가 솟는다. 그러나 날씨는 변덕을 부리며 3월을 쉬 내놓지 않는다. 자연이나 인생이나 시련의 가시밭

길, 모든 게 쉬 오고 가는 것도 아니고 순탄치 않다. 휘파람새와 야명조 날아와 이 골 저 골 울림의 흔적을 남긴다. 골짜기 물가엔 버들강아지 뽀송히 움 돋고 개구리 뛰어오른다. 이따금 산 꿩과 고라니가 목쉰 연가로 사랑을 찾는다. 사랑은 애간장 끊는 것보다 숭고하다. 된서리는 매화와 목련꽃을 요절시킨다.

4월, 꽃 피네, 새 우네

개나리 진달래 벚꽃이 산야를 불태운다. 수선화, 할미꽃, 철쭉꽃이 붉게 타 가슴 뛰게 한다. 소쩍새 찾아와 심금을 울리고 옛사랑 흔적 찾아 추억에 잠긴다. 종달새 하늘 높이 솟아올라 오지 않는 연인을 기다린다. 산벚꽃과 산도화는 강물에 흘러 가버린 사랑을 그리워한다. 아지랑이 속에서 아른대다 스쳐간 연정이 모락모락 피어오른다. 미세먼지가 아지랑이라면 허황된 꿈속에 봄날은 마냥 무르익는다. 봄꽃들이 진다. 이파리들이 움 돋아 피어난다. 산하는 연둣빛, 녹색의 장원을 꿈꾸며 하나둘 변신을 한다. 설한풍 이겨갈 양식 준비하는 농사철이 시작되니 눈코 뜰 새 없이 바빠지는 나른한 봄날이다. 연분홍 치마가 봄바람에 미세먼지와 함께 휘날린다.

5월, 연둣빛 꿈

사월 초파일 무렵 연둣빛 잎새가 영롱한 산색山色, 나날이 초록으로 변신한다. 찔레꽃, 아까시, 라일락, 이팝나무 흰 꽃에 눈부셔 눈물이 난다. 함박꽃을 앞세워 유채색 꽃들이 화려하다. 파랑새는 옥구슬 굴린다. 내 외롭던 유년 시절과 반항심만 가득했던 청년 시절을 증오한다. 보리밭 푸른 물결은 출렁이고 하늘 높이 종다리 솟아올라 노랠 부른다. 자운영은 빨갛게 불타 화사한 미소로 청춘을 유혹한다. 강가 물고기 떼 산란에 정신 잃어 천방지축 아수라다. 감자꽃 시들고 모내기 시작된다. 뻐꾸기, 꾀꼬리 이 산 저 산에서 그리움을 소환하며 먼 산을 바라본다. 소쩍새 부엉이 구슬프게 야심한 적막을 흔들고 쓸쓸함과 외로움이 발맞춘다. 부모님이 이승을 하직한 달이라 더더욱 울적하다. 초파일 절 찾아 백팔배로 부모 자식 인연의 끄나풀에 되새김질한다.

6월, 초록에 파묻혀

바람은 가끔 구름을 몰고 와 대지 위에 소낙비 뿌린다. 초목은 짙푸름이 넘쳐 까맣다. 산까치와 산꿩의 연가가 처연하다. 남국에서 날아온 파랑새와 꾀꼬리의 화려한 자태와 매무새 몸짓이 황홀 찬란하다. 넝쿨장미의 붉은 정염은 눈부시고 하얀 접시꽃과 박달나무꽃은 불타는 붉은 정열을 다스린다. 첩첩산중 깊은 계곡 개울가 참나리는 그리움에 외롭고, 설중매 결과물 매실은 생을 마감한다. 글도 아닌 글 몇 줄 끄적거리다 보면 하지 녘 짧은 밤이 밝아온다. 그렇게 속절없이 반년은 간다. 세월은 분명 바람보다 빠른 것 같다.

7월, 열기에 지쳐서

구름은 바람에 실려 비를 몰고 와 장마가 시작되고 여름이 짙어진다. 남쪽 여름 철새 팔색조는 숲속에 임시 거처를 삼아 댄스파티를 연다. 싸리꽃, 나리꽃, 개망초꽃이 지천이다. 능소화도 고고한 자태를 뽐낸다. 사루비아와 해바라기는 폭염 속 뭉게구름 속으로 정염을 내뿜는다. 하지 지난 하얀 낮은 뒷걸음질치며 재촉하고 앞 뒷산 숲속은 푸르다 못해 검 초록이다. 삶의 중간에서 할 일도 많다. 그 흔하던 매미 울음소리가 그리워진다. 소나기 한줄기 지나면 무논의 벼 포기는 쑥쑥 잘도 자란다. 나도 그렇게 큰다. 생육과 성장의 계절이다. 육신이 크는 만큼 영혼도 알차게 자랐으면 좋으련만.

8월, 빗속을 거닐며

태양은 만물에게 골고루 정기를 준다. 인간들의 문명 생활로 지구촌 자연은 병들어 썩어가고 변화무쌍한 기상은 인류에게 대재앙의 경고음을 끊임없이 울려준다. 사계절의 균형도 무너지고 제 맘대로 제각각이다. 장마도 장마 같지 않고 폭염은 도가 넘친다. 매미 울음소리는 독이 서렸으나 힘이 없다. 고추잠자리가 낮게 날고 섬돌 밑에선 귀뚜리 울음소리가 향수를 부른다. 곤충들도 멸종되어 가는지 숫자가 옛 만 못하다. 무궁화는 장마 속에서 끈질기게 피고 지고 해바라기는 태양을 경배한다. 뭇 작물들의 전성시대다. 보랏빛 도라지꽃은 청승을 떨고, 백일홍은 빨갛게 그리움을 부른다. 주체할 수 없는 젊음의 객기는 하늘을 향한 반항이다. 더위가 한풀 숨 고르며 고개 숙인다.

9월, 구월이 가는 소리

때아닌 비바람은 창문을 두들긴다. 기분이 참 지랄 같다. '패티 킴'의 〈9월이 오는 소리〉가 가슴을 파고든다. 꽃무릇(석산)은 플라밍고 추는 에스파냐 집시 무희처럼 빨갛게 정염을 토한다. 뜨거운 태양에 그

을린 벼를 비롯한 알곡들은 누렇게 무르익어 서서히 해산날을 기다린다. 능금은 빨갛게 익어가고 초록 배는 황금빛으로 변색한다. 산들바람은 백곡을 알차게 익히건만 험한 태풍과 긴 장마는 그들에게 큰 시련과 고통을 주었다. 모진 고난 속에 겨우 종족 번식의 유전자를 남겼다. 우량종자는 없다. 진화라는 이름으로 돌연변이를 꿈꾼다. 톡톡 튀어 유별나야 살아남는 세상이다. 평범함을 거부하는 삶, 인생은 다 그런 것이다. 그러나 그런 자 몇이나 될까?

10월, 상처뿐인 시월

서늘한 바람은 산야의 구절초와 신작로가 코스모스를 춤추게 한다. 왕성한 들풀들은 고갤 숙이고 귀뚜라미와 여치는 시들시들 자취를 감춘다. 산색은 하늘 밑부터 주황과 빨강으로 변색을 시도한다. 들판 벼 이삭은 누렇게 고개 숙여 풍요롭다. 산비탈 억새는 은빛 머리칼을 날리며 황혼에 반짝인다. 벌판엔 가을걷이로 사람들이 북적대던 옛날은 간데없고 농기계 소리가 가득하다. 중추가절, 민족 최대의 명절을 맞아 민족의 대이동으로 친족 간 이웃 간 정담이 그득 흘러넘쳐 세상은 북적여야 하는데, 불청객 괴질 코로나19 앞에선 인간과 세상은 한갓 보잘것없는 티끌이다. 우리는 지금 이상한 제3세계로 흘러가는 중이다.

11월, 단풍은 내 마음을 훔쳐 가고

찬 서리 내리니 세상은 추풍낙엽, 감들이 붉고 갈대와 억새꽃은 바람에 서걱대며 흔들린다. 산새들은 긴 겨울을 견디려 말갛게 익은 감

홍시 쪼기에 곁 눈길도 안 준다. 짧아진 산그늘, 가슴엔 서늘한 바람 휭~ 스치고 고운 단풍 바람에 휘날리며 갈 길을 재촉한다. 싸늘한 창공엔 기러기 끼룩끼룩 날고 황혼의 저녁노을 곱기도 하다. 그러나 왠지 쓸쓸한 고독과 적막뿐, 계곡에 흐르는 물소리도 처량하다. 깊어 가는 가을에 푸념과 짜증을 낸다. 별 단풍은 햇빛에 반짝이고 산국 향은 골짜기를 넘어 내 서재 창가로 넘쳐흐른다. 하늘색은 코발트에서 서서히 잿빛으로 변색된다. 가을의 끝자락 겨울의 시작이다.

12월, 눈이 내리네

세월은 과거-현재-미래가 아니고 미래에서 와 지금이 되고 과거로 지나쳐간다. 벌거벗은 나뭇가지에 지상에서 가장 아름다운 꽃, 상고대를 피우고 불어오는 삭풍에 강물이 언다. 눈보라 백설이 온 산하를 뒤덮으면 소년이 되어 꿈속의 마차를 타고 종소리 울리며 먼 여행을 떠난다. 꽃 중의 꽃 겨울꽃, 눈꽃이 최고다. 연말이면 스무 살 때부터 가슴앓이한 신춘문예 병이 도져 신열을 앓는다. 새해 달력을 받으며 연초에 계획했던 일들을 살피다 이솝 우화 〈개미와 베짱이〉를 떠올리며 게으름과 세상을 탓한다. 동짓달 열이틀 늦배 내기 생일이 오면 이 세상 나온 걸 축복보다 증오하며 한숨짓는다. 가난하고 별 볼일 없는 육 남매 집안의 장남이라 진 짐이 너무 무겁다. '사주팔자가 안 좋다나' 한밤중에 이 세상을 봤어야 상팔자라는데……. 어머니 열 달 간 배 아파 낳아 이 세상에 나왔지만 내 의지가 아니었기에 존재 의식이 흐리다. 삶의 무게와 회한이 너무 버겁다. 오늘 노을이 참 곱다. 노을이 처연하게 가슴을 판다.

2021. 02. 20.

감잎

〈이브 몽탕〉의 샹송 《고엽》이 귓전에 맴돈다. 특유의 저음, 감미로운 멜로디가 촉촉이 가슴에 파고든다. 짧은 가을이 소리소문 없이 깊어 간다. 할 일 없이 초막 근처를 서성인다. 비탈에 외로이 서 있는 감나무에서 곤 감이 뚝 떨어진다. 이내 바람결에 결 곱고 색 예쁜 감잎이 발레리나처럼 우아하게 빙그르르 회전 낙하를 한다. 감나무 끝 꼭대기를 쳐다본다. 잎 속에 감춰진 감들은 초록에서 주황빛으로 서서히 변색 중이다. 가지 사이로 보이는 코발트 빛 하늘색은 시리도록 푸르다. 이따금 뽀송뽀송한 뭉게구름 몇 점이 감나무 가지 사이를 건넌다. 해를 거듭할수록 한 뼘씩 짧아지는 가을의 길이가 왜 이리 서러울까. 감나무 아래 바윗돌에 앉아 곪아 떨어진 감과 손바닥만 한 감 이파리 몇 잎을 주워 살핀다. 조그만 상처의 흔적들이 선명하다. 주변에 떨어진 고운 감잎들은 화려하진 않으나 곱다. 예쁘고 고운 몇 잎을 주워 챙긴다. 먼저 떨어진 잎들은 흑갈색으로 퇴색하여 우중충한 죽음의 색, 핏빛이다.

우거寓居 대일원垈一苑 주변엔 감나무 몇 그루가 있다. 오래된 두 그루는 이곳에 초막을 지을 때부터 있었던 토종이고, 대봉시와 단감은 터 잡은 뒤 심어 가꾼 것들이다. 초여름 피어나는 은은한 유백색 감꽃을 볼 때면 감또개 목걸이를 만들어 걸어주던 소꿉놀이 동무 분이 생각이 난다. 이 좋은 세상이 올 줄 모르고 일찍 떠나간 가여움에 눈시울이 붉어진다. 파란 하늘을 수놓는 주황빛 감은 화려한 큰 보석 호박琥珀이다. 나이 많은 한 그루는 알이 잘은 곶감용 장동시고 한 그루는 홍시용 수시다. 수령은 아마 내 나이와 비슷하지 않을까 싶다. 늙은 고목이고 꺽다리다 보니 감을 따기란 여간 힘든 게 아니다. 근년엔 수확보다 사계절 변색하는 잎들과 설한에 빨갛게 매달려 육신을 배고픈 산새들에게 보시하는 광경을 보기 위해 정성들여 가꾸고 있다.

올해는 유별난 해였다. 코로나19의 기습 공격, 기상 이변이랄 수 있는 긴 장마와 폭우, 거듭 몰아닥친 세 개의 태풍, 그 뒤 갑작스러운 고온과 열기로 온갖 병충해의 창궐, 우리 땅 모든 생물은 시련의 연속이었다. 만물의 영장이라는 인간은 코로나19에 속수무책인데 역경과 시련을 견디는 생존의 자연 섭리는 오묘하고 신비롭다. 모든 열매 작물과 잎채소들은 온갖 고초를 견디며 조금은 미미하나마 흔적을 남겼다. 몇 그루 과일나무들도 제각각이다. 사과, 배, 복숭아, 자두, 호두는 긴 장마와 모진 태풍과 비바람에 햇빛을 받지 못하고 낙과가 되었다. 그나마 끈질기게 시련을 이겨 견딘 감나무와 밤나무는 조금 모자란 열매를 맺었다. 대부분 열매는 유전자를 남기지 못하고 떨어져 요절했다. 곪은 감은 다행히 요절을 면한 중년의 삶을 넘긴 반평생 삶이다.

감잎에서 우리의 인생을 본다. 감나무에서 맺은 수만 개 이파리는 다 같은 운명과 환경 속에서 살아왔건만 제각기 다른 천태만상이다. 햇빛과 비바람, 토질과 영양분, 방향과 높낮이의 환경과 조건에 따라 운명과 결과물이 결정된다. 감잎은 봄날엔 연두색으로 시작하여 여름날엔 초록색으로 왕성히 변신하고 가을날엔 주황, 주홍으로 마지막을 장식한다. 연둣빛 유소년기, 초록의 청장년기, 주황빛 노년기를 거쳐, 다 다르게 다른 모습으로 생을 마감한다. 잎은 잎꼭지에 떨켜가 생겨 낙엽이 된다. 떨어져 뒹구는 감잎도 수만 개이건만 꼭 같은 게 하나도 없는 것 같다. 크기도, 모양도, 색깔도 천차만별이다. 그러나 본질만은 같을 것이다. 잎을 찬찬히 살피면 길쭉한 타원형이다.

잎 한가운데에 주맥이 하나 굵게 있고 좌우로 여섯 개씩 엇갈려 12개의 측맥이 있다. 주맥은 우리의 일생인 수명이고 측맥은 인생 중 지나치는 삶의 고비라는 생각이 든다. 시간으로 따지면 측맥 한 칸은 십년 세월일 것 같다. 인생 여정과 똑 닮았다는 생각에 미친다. 인간 수명은 125세 전후라는 학자들의 연구 결과에 맞춰본다. 나무는 땅속뿌리에서 줄기를 키우고, 줄기는 가지를 뻗고, 가지는 잔가지를 키워 잎이 맺는다. 가지에서 잎이 싹터 타원형의 잎을 이룬다. 잎은 잎맥으로 잎을 형성하고 주맥 중간부가 가장 넓게 활착되어 형성된다. 인생에서 가장 활발한 시기다. 잎끝 쪽으로 갈수록 좁아지며 뾰쪽하게 형성된다. 하루에선 저녁노을이, 인생에선 황혼기가 가장 아름답듯 감잎도 끄트머리가 제일 곱다. 잎에는 크고 작은 갈 녹색 반점들, 상처의 흔적들이 있다. 어떤 잎은 열 손가락으로 셀 수 없을 만큼 많고, 어느 이파리는 다섯 손가락으로 셀 만큼이다. 아주 드물지만 어떤 잎은 생채기 하나 없이 말끔하면서도 고운 잎도 있다. 상처의 흔적은 크고, 작고, 깊고, 얕다. 우리의 삶 인생 여정의 시련과 상처도 이럴진대 감잎에서 삶의 궤적, 인생사의 오묘함을 들여다본다.

'왕후장상의 씨가 따로 있느냐?' 항변하지만 예나 지금이나 왕후장상, 귀족과 평민, 금과 흙, 갑과 을은 분명 존재한다. 이 세상이 존재하는 한 사라질 수 없는 철칙이리라. 특히 자본주의와 권력이 심화된 불평등 사회에서는 더욱 그러하다.

감나무 사이로 내민 파란 하늘에 걸린 외로운 낮달을 본다. 내 손톱의 그믐달처럼 희미하다. 감잎 끝에서 인생의 끝을 본다. 보송보송한 뭉게구름 사이로 감을 좋아하시던 어머니 얼굴이 스친다. 울컥해져 먹먹한 가슴을 쓸어내린다. 시월 그믐 이맘때가 되면 유독 저승에 계신 어머니가 그리워진다. 파란 하늘에 박힌 빨간 홍시를 향해 감 장지를 힘차게 찌른다. 파란 하늘이 뾰쪽한 감 장지에 찔려 주르륵 파란 잉크가 장대비처럼 내린다. 내 가슴에 쏟아붓는다. 펜을 꾹 눌러 찍어 그리움 몇 자 감잎에 적어 하늘나라 어머니께 부친다. 가을은 눈물샘이 터지는 그리움의 계절이다. 배때기산 마루 위에 걸린 노을이 처연하다. 붉게 타는 화려한 석양이 왠지 쓸쓸하고 외롭다. 어머니 가신 꽃상여 길이 아롱거린다. 내가 따라갈 그 길도 이제 그리 멀지 않았다.

2020. 11. 10.

거미

보슬비가 내린다. 이내 현관 앞 거미줄이 은구슬 되어 영롱하게 반짝인다. 보슬비 내리는 날이면 어릴 적 쫑알대던 동요, 「구슬비」가 생각나곤 한다. 이내 동심으로 돌아가 흥얼거린다.

송알송알 싸리 잎에 은구슬 / 조롱조롱 거미줄에 옥구슬
대롱대롱 풀잎마다 총총 / 방긋 웃는 꽃잎마다 송 송 송
(중략)

그는 레오나르도 다빈치를 능가하는 만능 천재 엔터테이너다. 뛰어난 기예를 자랑하는 공중 곡예사이며, 에어쇼에 특출한 블랙이글스나 탑건을 능가하는 곡예 전투 조종사다. 미켈란젤로를 닮은 건축 예술가이며 조각가다. 수예 솜씨 뛰어난 국보급 자수장刺繡匠이고 직녀를 능가하는 직조의 장인이다.

거미줄을 최고의 공예 예술품이라 생각해왔다. 맑고 영롱한 은구슬과 옥구슬의 질서 정연한 해맑은 모습은 이 세상 최고의 보석 예술품이다. 으뜸가는 수정 목걸이이며 진주 목걸이이다. 아침 풀잎 끝에 맺

혀있는 이슬방울도 예쁘지만, 보슬비에 젖어 거미줄에 맺혀있는 수많은 은구슬보다 더 찬란 아름다울 수 있으랴. 이 세상에 이리 예쁜 보석 예술품이 있을까. 수정처럼 투명한 물방울은 김환기 화백의 세계적으로 유명한 물방울 그림 시리즈보다 더 영롱하고 몽환적이다. 명주실보다 더 곱고 은은하다. 넉넉히 창문을 열어 뭇 바람을 통과시키고 자연과 소통하며 아침 이슬을 맺혀준다. 햇빛에 반사되면 오드리 헵번이 주연인 영화 '티파니의 아침'의 명장면이나 보석점 진열대의 진주처럼 찬란하다. 새벽녘 파리 시가의 가로등 불빛처럼 황홀하다.

아래 마당과 현관은 넝쿨장미와 으름넝쿨로 뒤엉킨 아치형 터널과 돌계단이 있다. 나는 늘 꽃 터널 밑 돌계단을 오르내릴 때면 양옆 초병들로부터 사열을 받는다. 근위병처럼 부동자세로 꼼짝 안고 서 있는 철쭉과 함박꽃들, 그들도 바람이 일면 살랑대는 무희가 된다. 매일 그들의 환영과 환송을 받으며 개선장군이 된 듯 오르내릴 때면 무척 의기양양 뿌듯하다.

나는 매일 아침에 체포된다. 오늘 아침에도 여지없이 체포되었다. 순식간에 거미줄에 얼굴과 상체가 완전 꽁꽁 묶였다. 하루가 시작되는 아침, 상쾌한 기분을 확 구긴다. 네가 이기나 내가 이기나 오기가 생겼다. 기분 좋게 시작하는 매일 아침, 얼굴을 감싸는 끈적끈적한 이물질의 그물망. 죄 없는 집주인을 체포하겠다고 밤새 뜬눈으로 그물을 엮는 작업을 한 그는 누구일까. 범인 잡으려고 잠복 중인 형사인지 한밤의 신사 행위 예술가인지 종잡을 수 없다. 분명 그 녀석은 첩보기관의 지하 비밀 조직원 일성 싶다. 꽃 터널 철쭉이나 넝쿨장미 속

어디엔가 은밀히 숨죽이고 숨어서 온갖 곤충과 나를 늘 호시탐탐 지켜보고 있었을 것이다. 독충이나 해충들이 특별히 내 피와 땀 냄새를 좋아하는 것 같다. 밖에만 나가면 벌이나 모기들이 환장하게 나를 좋아한다. 사람들이 좋아해야지 벌레들이 좋아하니 나는 전생에 곤충이었을까.

사회 정의와 질서가 파괴되고 정치의 혼란이 정의를 짓눌러 짜증과 피곤을 위로받고자 찾아와 가꾼 이곳 산막, 길지인지 명당인지 주변으로 사람들이 자꾸 몰려들어 집을 짓고 정착한다. 연일 계속되는 건설 장비 소리에 예민하다. 숲이 자꾸 사라지니 산짐승, 산새, 곤충들이 점점 줄어든다. 그들과 함께 살고 싶었으나 그들이 떠난다. 그러나 거미만큼은 굳세게 자리를 지킨다. 매일 나를 체포하는 거미를 나무랄 수만은 없다. 그도 그만의 절박한 삶이 있으니까. 오래 같이 살아가는 것이 상생이다.

동물의 세계가 다 그렇듯 먹지 않고 살아갈 수 없다. 어떤 동식물이든 먹어야 한다. 거미는 불행하게도 같은 종種 곤충을 잡아먹어야 생존할 수밖에 없는 슬픈 운명을 타고난 비운아다. 날아다니는 곤충들은 모두 먹잇감이다. 생존을 위한 절박한 수단이니 원죄를 물어 죄인 취급을 할 수도 없고 벌할 수도 없다. 생존을 위해 삶의 수단으로 은밀히 숨어서 그물을 쳐 함정을 만든다.

저나 나나 이 숲속에서 같이 살아가는 생명체다. 거미가 볼 때 나는 그저 덩치 큰 한 마리 먹잇감일 뿐일까. 나는 오늘도 내일도 죽는 날까지 거미에게 끊임없이 체포될 것이다. 더위가 시작되는 한여름부터 사그라져가는 가을까지 절정에 이를 것이다.

이 세상엔 벌, 나비, 매미같이 연예인과 정치가처럼 양지에서 자유롭게 창공을 나르고 뽐내며 화려하게 사는 사람이 있는가 하면, 거미나 지렁이, 두더지처럼 은밀히 숨어 음지에서 묵묵히 제 몫을 다하며 살아가는 사람들도 많다. 이 세상엔 둘 다 필요한 삶의 길이고 생명체그 존재다.

양지와 음지에서 사는 삶이 조화를 이룰 때 옳고 건강한 사회를 구현할 것이다.

2022. 05. 10.

독거獨居

봄비가 내린다. 비바람에 뜨락의 꽃잎이 진다. 형형색색 화려하게 뽐내던 자태는 이내 추억이 된다. 이제 내년 이맘때를 기약하여야 한다. 철쭉 꽃잎은 비에 젖어 현관을 오르내리는 돌계단에 고운 카펫이 된다. 창가에 우두커니 기대어 떨어지는 꽃잎을 보며 마음의 행로-갈피를 잡을 수 없다. 만감이 교차하며 상념이 갈팡질팡 비틀거린다. 그저 마냥 쓸쓸하고 외로울 뿐. 이 적막한 산막 지킴이 생활 어언 이태에 가깝다. 이런저런 이유로 심산유곡 이곳 산속으로 거처를 옮긴지 벌써 스무 해를 넘겼다.

사월의 끝자락이다. 연둣빛 오월이 벌써 성큼 다가와 어디든지 떠나자고 나를 붙들어 흔들었다. 그러나 코로나-19에 잡혀 언감생심 국외 여행을 멈췄다. 지구 온난화 현상인지 계절이 한 열흘 빨라졌음을 피부로 느껴진다.

늘 건강에 자신만만하고 기고만장했던 나를 일흔세 해 봄날은 여지없이 조롱하였다. 우연한 기회에 부정맥이 발견되어 난생처음 종합 병원 응급실 신세를 졌다. 사월 초 일요일 새벽 잠자리에서 일어나 책을 펼치니, 이마에 땀이 나고 열이 오르며 숨쉬기가 곤란하고 가슴이 두근거리며 답답하였다. 처음 느끼는 현상이었다. 가벼운 체조로 몸을 풀며 컨디션을 조절했다. 내 몸은 내가 잘 알기에 병원 신세를 질 정도는 아닐 것 같았다. 더구나 일요일이라 대부분 병의원은 쉬기에 종합 병원 응급실을 이용하여야 한다. 하루 뒤 월요일에 가벼운 마음으로 읍내 의원을 찾았다. 맥박이 불규칙하여 심전도 검사를 하였다. 검사 결과 위험 수치에 가까우니 의료원이나 큰 종합 병원으로 가라며 소견서를 써줬다. 약간 겁을 먹고 긴장했다. '즐기는 술과 제대로 먹지 못한 영양의 불균형 아닐까?' 시건방진 자기 진단을 했다. 지역 의료원을 찾으니 시설 부족 탓인지 J대 병원이나, Y병원으로 가라 안내했다. 증상이나 보려고 가벼이 찾은 병원, 일반 심장내과에서 진료 수속을 하니 응급실로 가야 할 것 같다며 간호사가 안내했다. 담당 의사는 여러 검사 결과를 체크하더니 응급실행으로 판정했다. 사태가 심각함을 처음으로 인지하였다. 응급실에선 보호자를 대동하라 채근댄다. 할 수 없이 서울 사는 막내아들에게 연락하니 간호사가 전화기를 뺐다시피 하여 아들과 통화했다. 두 시간 뒤에 점심도 거른 채 허겁지겁 자동차를 몰고 왔다. 칠순이 넘도록 평생 응급실이 처음인지라 적응하기가 쉽지 않았다. 온갖 검사를 했다. 대체로 성의 없는 의료진, 수없이 낭비하는 의약품, 계속되는 이상한 환자들의 행동거지, 쉼 없이 열고 닫치는 자동문, 입원실은 없고 아수라장 응급실에서 뜬눈으로 새운 하룻밤은 생지옥이었다. 병을 나으러 온 게 아니라 더 병을 얻는 꼴이 되었다. 입원실이 없어 하룻밤을 더 응급실 신세를 지란다. 도저히 못 견딜 것 같았다. 담당 의사에게 사정사정하여 각서를 쓰고, 사흘 뒤 병실이 확보되면 재입원하기로 약속하고 임시 퇴원을 하였다.

사흘 뒤 다시 병원을 찾았다. 회사일에 바쁜 아이를 다시 부를 수 없어 대학에서 후학을 양성하는 큰딸에게 연락하니, 멀리 J도 J대학 학회에 참석 중이라 올 수 없단다. 공직에서 퇴직하고 인근에 사는 둘째 동생을 불렀다. 하루 동안 시술 준비를 위한 온갖 검사를 다시 하고 이튿날 시술에 들어갔다. 병원의 운영 규칙이 그런지는 몰라도 비상식적이다. 의술로 병자를 치료 치유하는 것이 아니라 매출을 올리기 위한 너무나 영리적인 느낌이 들어 불쾌했다. 이 지역에서 가장 큰 종합 공공 병원인데 거점 병원에서 탈락한 이유를 미루어 짐작할 수 있었다. 보통 시술 시간이 두 시간 내외라는데 나는 세 시간이 걸렸다. 고통을 잘 참는 편이지만 머리에 쌩땀이 나고 겨드랑 밑과 가슴의 통증을 참기 어려웠다. 마취 효력 시간이 끝나 2차 마취를 한 뒤 시술이 진행되었다. 보호자나 간병인이 없으면 병원 입원도 자유롭지 못하니, 혼자 살며 병원 신세를 진다는 것은 그리 호락호락한 일이 아니었다. 그런 이유로 신은 둘이 같이 살라 부부의 연을 맺어준 것 같다. 보통 두세 시간 회복기를 거치면 곧바로 퇴원이 가능한 증상인데 맥박이 정상으로 쉬 되돌아가지 않았다. 하룻밤 더 병원 신세를 져야 했다. 같이 있던 환우는 다인실로 방을 옮기고 독방을 쓰니 산사처럼 조용했다.

늘그막에 금슬 좋았던 부부 중에 한 사람이 먼저 가면 남아있는 한쪽은 오래 버티지 못하고 곧 따라가는 걸 자주 봐 왔다. 혼자 산다는 것은 의식주 등 여러모로 불편하다. 이 시대엔 외로움이 가장 큰 아픔이다. 지금은 가족이 같이 살 수도 없다. 현대판 고려장 요양원이나 양로원으로 가야 한다. 독거노인의 고독사가 부쩍 늘고 자살률이 OECD 국가 중 세계 최고 불명예 국가가 되었다. 경제적 어려움보다 외로움과 소외감 때문에 건강을 해치고 스스로 죽음을 선택한다. 사회적으로 격리되고 특히 요즘은 코로나-19로 인하여 사회적 거리두기를 철저히 이행하여야 하니 은둔과 칩거가 그야말로 창살 없는 감옥 생활이다.

독거 생활 2년째다. 아내는 고령의 장모님 중증 치매 간병과 마지막 효도의 길을 걷기 위해 멀리있는 처가에서 고군분투하고 있다. 그럭저럭 생이별의 불편을 겪으며 월말 부부가 되었다. 홀로 아파 처음으로 병원 신세를 지다 보니 혼자 산다는 것이 불편이 아니라 절박함이었다. 말로는 아이들을 오지 말라 했지만, 막상 오지 않으니 섭섭하고 서운했다. 치사하고 간사한 인간의 마음이 내게도 존재하고 있음에 깜짝 놀랐다. 보호자가 없으면 응급실 입원 자체가 안 되는 것도 처음 알았다. 현 병원 운영 시스템이 문제였다. 간병인을 선정 보호자로 선임하여 입회하는 입법 제도화가 절실함을 느꼈다. 필요충분조건, 나날이 늘어나는 독거노인을 위한 선진 복지 정책을 시급히 시행하려면 국회의원들의 입법이 절대 필요하다. 그런데 민생은 돌보지 않고 매일 정적과 전 정권 핑계만 대며 당리당략만 일삼는 현 정권과 여당을 보며 회한에 앞서 분노가 치민다. 그런 정당에 투표한 절반의 국민은 무슨 생각으로 투표했을까. 그들을 보고 싶다.

2022. 04. 20.

돈복

이따금 돈이 궁할 때 불쑥불쑥 화가 치민다. 바보처럼 살아온 젊은 날들이 후회스럽다. 그렇다고 큰 욕심을 부려 부자를 꿈꾸지도 않았다. 보통 사람들 정도, 중산층 하류 정도, 남들이 봐서 궁색하지 않고 세상 살며 최소한의 품위를 유지할 정도면 좋겠다고 생각했었다. 큰돈은 아니지만 적은 돈이라도 남을 도와주고 남한테 구걸이나 대출을 안 받을 정도이면 족하다고 생각했다. 원래 선대부터 집안 내력이 돈과는 거리가 먼 집안의 DNA를 타고났기에 큰 불만은 없었다. 그러나 말 못 할 궁색할 때면 비애를 느꼈다. 아이들한테 제일 미안하고 곤혹스러웠다. 좀 보탬이 되어 주고 싶었으나 그렇지 못할 때 슬펐다. 명문대를 마치고 유학을 가야 하는데 도와주지 못해 유학을 포기하고 생활전선에 뛰어든 아이들을 보며 아버지와 가장으로서 큰 비애를 맛보았다. 내 젊은 시절 가난했기에 재화 획득에 게을렀던 아버지를 원망했다. 가난을 벗어나기 위해 부단히 노력하신 어머니의 고초가 기억나 가슴 쓰리다.

나는 참 돈복이 없는 사람인 것 같다. 어릴 적부터 넉넉지 못해 입주 가정 교사와 근로 장학생으로 고학하며 학업을 마쳤다. 그러자니 나의 새파란 젊은 시절은 분홍빛보다 회색빛이었다. 성격에 비해 밝지 못하고 늘 그늘지고 처져 있었다. 돈 때문이었다. 가난 때문이었다. 열성적인 어머니 덕분에 학교를 마칠 수 있었고 잘사는 외갓집 외삼촌 덕분에 고교 시절 설악산과 동해안 수학여행도 갈 수 있었다. 그러나 졸업 앨범을 찾아야 하는 돈이 없어 고교 졸업 앨범이 없다. 일찍 일본 유학을 하여 신문명을 접한 지식인이었으나 세상을 비관하고 무능했던 아버지를 원망하며 청소년 시절을 보냈다. 아버지는 때를 잘 못 만나 본의 아니게 일본군 해군 장교가 되었고 소해정 부 정장副艇長이 되었다. 2차 대전 때 오키나와에서 미군 B-29 폭격으로 구사일생, 아니 99사 1생 으로 살아남아 해방을 맞고 운 좋게 귀국할 수 있었다. 신체적 결함은 없었으나 마음을 크게 다친 비운의 아버지는 배운 지식도 재능도 풀어 쓰지 못했다. 지식과 능력을 한껏 발휘하여 국가의 큰 일꾼이 될 인재였으나 양지를 피해 음지에서 조용히 살아왔기에 우리 가족들에겐 애처롭고 안타까운 삶이었다. 5.16 군사 반란 후 국가에서 아주 높은 분이 불러 같이 일하자고 했어도 같이 놀아야 할 놀이판이 아니라고 거절하고 초야에 묻혀 민초로 사셨다.

서울 명문 대학을 갈 실력을 갖췄음에도 고학 생활이 지겨워, 자유로운 새가 되어 푸른 하늘을 날고파 조종사의 꿈을 안고 공군 사관 학교를 택한 것이 내 인생의 가장 큰 불운이었다. 가까운 친척 중에 골수 공산주의자 핵심 간부가 있어 우수한 성적으로 합격하고도 신원

조회에 걸려 퇴교할 수밖에 없었다. 사유는 '연좌제 법 위반'이란다. 신원조회를 막아보려고 3선 국회의원을 동원 다시 또 도전했었다. 연좌제 법은 난공불락의 악법이었다. 성에 차지는 않았지만, 지방 대학에서 장학금을 받으며 학업을 유지하려고 마음 고쳐먹고 입학 원서를 접수하는 날 아버지는 "너만 자식이 아니다."며 버스에 올라 입학 원서를 뺏어 갈기갈기 찢어버린 일을 잊지 못한다.

장남인 나는 군복무를 마치고 하기 싫은 월급쟁이를 하면서 나와 집안 가족의 생계를 책임지는 대들보 역할을 하면서 젊음을 낭비했다.

가까운 집안 형제 조카에게 빌려준 고스톱 밑돈 3만 원부터 5만 원, 선배가 대납해 달라던 부의금 3만 원 몇 번, 중학교 동창이 아들 입학금이 부족하다 해서 빌려준 30만 원, 나중에 알고 보니 노름빚이었다. 그때 삼만 원은 좋은 땅 두 평 값이었다.

고등학교 친한 동기가 사업하면서 매달 어음 결제 대금 수백만 원, 직장 후배가 빌려가 떼먹은 2백만 원, 교통사고를 내어 긴급 합의금이 필요하다며 애걸복걸하는 친구에게 마이너스 통장에서 처리한 3백만 원, 입담 좋은 후배에게 2백만 원, 친구 부인의 외제 승용차를 가볍게 추돌하였으나 미제 포드 고급 승용차라서 수리비 일천삼백만 원을 변상하고 그로 인해 소원해진 우정, 지인에게 빌려줬다 변제받지 못한 3천만 원, 지역 사회를 떠들썩하게 했던 부하 여직원의 공금 횡령 사건, 육 개월 짧은 기간의 관리 책임을 지고 일억 가까운 돈을 변제하여야 했었다. 평생 남에게 쓸데없이 바친 돈은 얼추 일억 오천만 원, 아파트 한 채 값이다. 월급쟁이가 그런 큰돈을 날렸으니 바보처럼 살았다. 한창 왕성한 활동을 하며 노후 준비를 해야 할 인생의 황금기를 놓친 불운아였다. 돌이켜 보면 무던히 돈복이 없는 사람이다. '맘이 좋아서일까 바보여서 그럴까?' 지금까지 해답을 찾지 못하고 헤매고 있다. 아이들이 서울에서 대학 다닐 때 전셋집으로 이리저리 옮겨 다닌 것이 새삼스럽다. 가난하였으니 가정에 큰 도움을 못 주었다. 다행히 아이들이 건강히 공부를 잘해 여러 장학금으로 학교 다닌 탓에 학자금 부담을 덜어 주었다.

YD댐이 건설되며 고향 집이 수몰되었다. 집이 꽤 커 보상금이 평균 이상이었다. 어머니가 외갓집 힘을 일부 빌려 마련한 큰집. 내가 증축 확대하여 근동에서 손꼽히는 큰 집이었다. 소유권은 아버지였다. 실질적인 내 몫인 보상금을 나도 모르게 아버지와 동생이 보상금을 수령하였다. 다툼을 할 수도 없고 또 바보가 되었다. 아내한테 꾸중을 많이 들었다. 장남인 내가 어렵게 동생들 가르치며 헌신한 것이 한편 후회도 되었다.

돌이켜보면 회한뿐이다. 아이들은 제 갈 길을 가기에 큰 유산은 못 물려주었으나 세 아이들에게 작은 아파트 구입비 일정 부분을 보탰다. 그동안 절약하며 남겨놓은 금융 자산 일부와 이곳 산속으로 들어올 때 사 두었던 몇백 평 농지를 택지로 전환하여 팔아서 보탰다. 산속 집 하나, 쥐꼬리만 한 국민연금, 그걸로 남은 생 근검절약하며 살아가야 한다. 아이들에게 큰 도움을 못 줬기에 도움받을 생각은 전혀 없다. 버는 돈이 쓰는 돈을 못 따르니 재주 많은 아내가 경제력을 발휘하여 가계를 운영해 나갔다.

여행 좋아하는 나는 연중 두세 번, 한 달 넘게 해외 나들이를 해야 하니 비용이 만만치 않다. 일정 부분 여행비는 남겨놓았다. 앞으로 10

년이다.

그러나 어쩌랴! 내 복이고 내 팔자인 걸. 목숨을 건강과 바꿨다고 자위해 본다.

2020. 02. 15.

노을 길 73

엊그제 옆으로 자빠졌다. 넘어질 상황도 아닌데 이상야릇했다. '장딴지 근육이 쇠약해져 그럴까?' 장딴지를 만져본다. 참나무 토막처럼 딴딴하던 장딴지가 어느새 고령토 반죽마냥 물렁거리고 가늘어졌다. 가을을 맞으면서 가끔 힘이 떨어짐을 느꼈다. 지난 8월초 2020도쿄 올림픽 폐막식 광경을 소파에 누워 티브이를 시청하다 미끄러져 방바닥에 왼쪽 어깨를 심하게 찧었다. 그 일을 시작으로 하찮은 일들을 하다 세 번이나 넘어졌다. 계단을 오르내리며 무릎에 힘이 빠졌음을 느낀다. 운동에 게으른 편도 아닌데 무릎 관절에서 이따금 '우두둑' 둔탁한 소리가 난다. 곰곰이 생각해 봐도 특별한 이유는 없는데 이상한 일이다. 아무래도 코로나와 세월 탓인 것 같다. 일흔에 들어선지 몇 해 되었으니 그동안 적지 않은 나이를 훔쳤다.

불혹 말년쯤 어느 날부터 신문의 활자가 어른거렸다. 불혹에 눈살을 찌푸리며 서류를 들여다보는 띠 동갑 백발白髮 선배를 놀린 적이 있었다. 선배 왈 "자네도 내 나이쯤 돼보게, 곧바로 닥치네. 아니 더

빨리 돌아올 것이다." 그땐 별 관심 없이 흘려들었다. 그때 그 선배의 나이가 되기 전 글씨가 흐릿하고 아른거렸다. 선별적으로 돋보기를 착용할 수밖에 없었다. 체력과 시력에 자신 있었고 그동안 선대 가족력에 안경잡이가 전무후무했기에 유전적 원인을 찾을 이유도 없었다. 직업상 작은 활자와 숫자를 많이 들여다보고 컴퓨터와 1세대 가까이 지내다 보니 그 좋던 눈이 나도 모르게 망가졌나보다. 고액을 들여 다초점 안경을 착용하였으나 현기증을 앞세운 어지럼증으로 쉬 적응을 할 수 없었다. 어쩔 수 없이 업무용 돋보기 몇 개를 마련하였다.

지천명을 넘기고 이순에 이르니 이따금 TV를 시청하다 음량의 크기로 가족들과 작은 마찰을 일으켰다. 아이들은 볼륨을 줄이고 나는 음향을 높인다. 경비행기를 조종할 때 엔진 소음에 귀청이 서서히 망가졌나 짐작할 뿐이다. 아이들은 늙어가는 제 아비의 청력이 저희들과 다름을 용납지 않는 것 같다. 서글픈 일이다. 한창 좋은 나이 청춘이니 심작이나 하겠는가.

고희를 넘기니 여러 이상 증상이 일어난다. 살갗이 튼튼해 여간 벌레가 물거나 쏘여 상처가 나도 잘 아물고 탈이 없는 편인데, 요즘은 해충이나 독충에 물리면 가렵고 쉬 낫지 않는다. 안 타던 옻도 부드러운 피부엔 옻 탐을 한다. 면역력이 뚝 떨어졌는지 피부과 치료를 받고 약을 바르곤 한다. 상처의 흔적, 생채기가 남아 훈장처럼 오래 남기가 일수다.

조상 대대로 튼튼한 이빨을 물려받은 치복齒福이 있었는데 칠순을 넘기니 금강석 같던 이빨도 금이 가고 깨지고 닳아 작아졌다. 지난해 어금니 하나를 임플란트 시술을 했더니 여간 불편한 게 아니었다. 아니함만 못해 후회하고 있다.

그동안 이비인후과 병원을 모르고 살았었는데 요즘은 연중 한두 차례 찾게 되었다. '세월의 흔적인 자연의 순리일까? 체력이 쇠약해져 온 병일까?' 도무지 헷갈려 종잡을 수 없다.

성욕과 식욕도 서서히 떨어지는 것 같다. 모든 오감의 기능은 이미 정점을 찍고 하향 곡선을 그은지 오래되었다. 그저 남들보다 늙어가는 속도가 조금 느린 편이라고 느끼는 오만함뿐이다.

크고 작은 것이 마리는 생리 현상이 오면 참지 못하고 쉬 배설을 하여야 한다. 곧바로 대비치 않으면 큰 낭패 보기 십상이다. 뒷구멍의 괄약근 수축력이 약화되어 변기를 느끼면 쉬 쏟아져 내린다. 언젠가 문화예술인단체 나들이 중 급한 요기尿氣를 느꼈다. 짧은 줄 뒤에 서서 기다렸으나 아무리 기다려도 내 차례가 오지 않았다. 좌우 옆줄은 쉬 소변을 시원스레 마치고 줄이 줄어드는데 내가 선 줄은 두 세배 늦어졌다. 팬티에 오줌물이 질금거리는데 옆줄로 빠지자니 그것 또한 쉬 배설을 장담할 수 없었다. 불판위에서 트위스트 추는 오징어가 되었으니 옆 사람들이 킥킥거린다. 내가 선 줄은 팔순 이상 상노인들이어서 워낙 쾌뇨快尿를 못하고, 변기 앞에 서있는 로봇이었다. 오장육부가 퇴화되고 고장 나 기능저하가 현격하다. 육신의 겉과 밖이 서리맞아 급격히 시들고 있다. 기계라면 애프터서비스를 받아 사용하면 좋으련만…… 아쉬움 너머 회한이다.

육체적 퇴화보다 더 두려운 것은 정신적 피폐, 뇌기능의 퇴화이다. 기억력 저하 속도가 자꾸만 빨라진다. 자동차 넘버, 전화번호, 사람 이름을 비롯한 일반 상식 등 쓸데없는 것을 잘 기억하는 탁월한 재주가 있었건만 그것도 옛말이다. 사람 이름도 자주 잊고 생각이 안 날 때가 비일비재하다. 망각이 때로는 보배이건만 빈도가 잦아 한심한 생각 끝에 정신과 전문의에게 치매 검사를 받아 보았다. 의사가 웃는다. 지극히 정상이며 평균 정신 연령이나 신체적 연령이 다섯 살 이상 낮단다. 나 같은 사람이 초기 치매 환자라면 온 세상이 혼돈 속 아비규환이며 아수라장이 되어 사회 자체가 존재 할 수 없으니 걱정하지 말란다. 자연의 이치이며 늙어가는 인생의 순리적 과정이니 물 흐르듯 받아들이란다. 남보다 건강한 편이니 자부심을 가지라며 시쳇말로 '늙어가는 것이 아니라 익어간다'고 생각하란다. 나 보다 못한 사람들 잘 돌봐주며 남은 삶을 즐기라고 성자다운 말로 오히려 격려를 해준다. 안심하며 뿌듯하나 한편으론 불안과 초조가 엄습하여 슬프게 한다.

가스레인지에 밤이나 고구마, 옥수수 등 간식거리를 익히다 깜박 잊고 자주 냄비를 태운다. 탄내가 진동하고 나서야 인식하고 황급히 가스 차단기를 내린다. 큰일이다. '이러다 대형 화재 사고 한 번 내지' 하면서 정신 차리자고 굳게 다짐하건만 '도로아비타불'이다.

조금 슬픈 일이나 하찮은 감동에도 울컥하고 가슴이 메며 눈물이 찔끔거린다. '오욕을 버려서 일까 순수해진 탓일까.' 나이 들어가며 때론 좋은 점도 생기곤 한다.

오감을 잃고 살아가는 장애인들의 갑갑한 고통과 아픔을 상기한다. 위인 헬렌 켈러의 위대함을 오늘에 다시 느낀다. 내게 영롱한 정신과 건강한 육체를 주신 부모님을 그리워하며 감사한다.

은퇴하여 몇 년 흐르니 정부에선 원치도 않는 노인자격증을 주었다. 그래서 고궁과 국립공원 등에 무료입장은 물론이고 무임승차도 한다. 이발과 목욕보조 티켓까지 줬다. 이젠 자동차 운전면허증을 반납하라고 회유도 한다. 나라 살림이 좋아지니 이렇게 노인복지 정책이 눈에 띄게 달라졌다. 수입이 어설픈 나에겐 조금은 경제적 도움이 되나 어쩐지 젊은이들이 낸 세금을 축내는 것 같아 언짢다. 하기야 잘 나가던 소싯적에 많은 세금을 부담했기에 조금은 덜 미안하기도 하다.

지금 내 처지가 꼭 늦가을 해질녘 같다. 노을은 붉고 처연하고 황홀하다. 아름다움은 추함을 감추어 준다. 선인들이 갔던 길을 따라 걷는 게 인생이다. 인생은 자연의 순수한 법칙이고 순리다. 순응하며 저항 없이 걷는 길이 아늑하고 호젓하다. 부모님 따라 갈 길, 저녁노을 길이 꿈길마냥 어슴푸레하면서도 포근하다.

2021. 10. 25.

돋보기 세상

쉰 가까이 되던 어느 해 가을날, 신문의 활자가 희미하게 어른거렸다. 활자와 가깝게 평생을 살아온 탓이려니 대수롭지 않게 생각했었다. 그동안 시력은 이상이 없었고 집안 내력으로도 안경을 사용한 선대는 없었다. 가끔 고향 선배는 표정을 찌푸리며 간행물을 읽을 때 "형님 벌써 안 보이면 어떡해요" 하면, "동생도 내 나이 돼봐라." 하며 농을 주고받은 때가 엊그제 같은데 그날이 오고 말았다. 선배와 나이 차이는 10여 년에 불과했었다.

육갑을 넘어 휴대가 편리한 다초점 돋보기를 착용하였으나 한 달 남짓 적응기에 어른거려 넘어져 다치고, 고가의 돋보기를 밟아 망가뜨린 뒤 결별하였다. 필요시 착용하므로 돋보기 휴대가 큰 문제여서 여간 귀찮은 게 아니다. 외출 시 속주머니를 비롯해 휴대용 가방, 자동차 속, 서재, 다섯 개가 넘는다. 이따금 돋보기를 휴대치 못했을 때는 여간 낭패가 아닐 수 없다. 젊은 시절 눈 밝다는 소릴 들었으나 고희를 넘긴 나이엔 0.5 시력으로 평상시를 유지하며 버틴다. 뭇 생명은 사용 연수가 있듯 전성기를 넘기고 나면 퇴화의 속도가 빨라진다. 어떻게 관리를 하여야 하는가에 따라 수명의 연장이 결정된다.

어쩌다 돋보기를 쓴 채로 서재나 방바닥을 청소할 때가 있다. 평소에 안 보이던 머리카락, 미세 먼지가 혐오스럽게 널려있다. 소름이 돋는다. 안 보아야 할 것들이다. 그 속에서 생활한 자신이 부끄럽다. 안락했던 서재 풍경이 어느 기괴한 별 풍경처럼 낯설다.

마음도 육신의 일부분인지라 시력처럼 어둠이 절대 필요하다. 보일 것은 보여야 하고, 안 보일 것은 안 보여야 아름답고 멋지다. 젊은 시절엔 현미경적 시력과 사고가, 나잇살 훔친 뒤엔 망원경적 시력과 사고가 절대 필요한 것 같다. 사물을 보는 눈 역시 그렇고 사람을 대하는 마음 또한 그래야 한다. 그리하면 인생이 즐겁고 행복하다. 인간관계 역시 원만해져 따뜻한 온기와 은은한 향기가 날 것이다. 오감으로 느끼는 감성이 명징하여 올바른 이성을 부를 것이다.

노년의 큰 덕목은 배려하고 양보하고 참고 나누고 베풀며 이해하고 사랑하며, 건강하게 사는 삶이 빛나는 황혼 길일 것 같다. 그러나 그 길은 결코 쉽거나 편안한 길은 아니다.

어쩌면 돋보기 없는 세상이 천국일지 모른다.

2021. 05. 30.

찌질한 이웃

내 집은 마을과 한참 떨어진 외딴집이다. 어느 날 옆집으로 이사 온 사람은 전형적인 남도 사람 기질이다. 나이 갓 60대쯤. 전에 집 짓고 석 달도 안 살고 바람처럼 사라진 B DS, 그도 남도 J읍이 고향이며 경기도 B 시에서 중소기업을 운영한다고 했지만, 하는 짓거리로 볼 때 참이지 않은 것 같았다. 마누라가 경영자고 그자는 편안히 놀고 즐기는 남편 같았다. 어느 날 마누라는 사람이 마을에 와 집집마다 다니며 "어떤 여자와 같이 오지 않았느냐? 동거하는 여자 보았느냐?" 들쑤시고 다니며 마을을 난장판으로 만들고 갔다고 들었다. 그 뒤 소리소문 없이 갑자기 사라지고 한 달쯤 뒤 옆집으로 이사 온 S가 인사를 왔다. 나이는 전 주인과 비슷한 것 같고 K시가 고향이며 A시에 소재한 중소기업에서 기계 설계 책임자로 일하고 있다고 했다.

이따금 아이들과 함께 오고 어느 날은 홀로, 어느 날은 낯선 여자와 같이 오기도 한다. 골짜기 건너 50여m 떨어져 얼굴을 자세히 볼 수가 없다.

지난 3월 27일 외출 후 귀가하니 계곡 도랑 정비 작업을 하고 있었다. 약 50년 넘은 잘생긴 젊고 싱싱한 느티나무가 잘려져 있었다. 나 없는 틈을 타서 나무를 자르고 계곡의 수로 변형 작업을 했다. 큰 느티나무는 내 집쪽 급류의 제방이었다. 나무 한 그루 베어 버리기는 쉽지만 그런 나무 한 그루 키우려면 반세기 이상 걸린다. 그 느티나무는 수세가 좋아 퍽 멋진 외형을 자랑하고, 초가을엔 으름덩쿨에 으름이 다닥다닥 멋지게 달려 눈과 마음과 추억을 호사시키는 매력이 있었다. 이 마을 출신 포클레인 기사 P를 일하고 돈 벌라 연결시켜 주었으나 고향 마을보다 돈이 더 좋았던 것 같다.

큰 느티나무 베지 말라. 벤다면 상의해라. 지난여름 장마와 태풍으로 계곡이 많이 망가졌다. 위쪽 밭을 만들며 수로를 내지 않아 하류로 흙탕물이 넘쳤고 수로를 정리치 않아 좁아진 도랑이 급류로 변하여 제방이 무너지고 바윗돌이 흘러내려 연못을 메우고 보가 망가졌다. 현장 사진을 찍어 보내고 전화하였으나 전화도 안 받고 지금까지 아무런 대꾸도 없었다. 몇 번씩 왔다 가도 말 한마디 없었다. 여러 문제와 해결 방안을 전화로 말했다. 화가 머리끝까지 나 불러 호되게 나무랐다. 자연 보호와 시골에서 도시인과 같이 사는 법, 자연 훼손과 환경 파괴로 인한 재앙을 알려줬다. 도시에 살던 아파트 세대라 시골 사람의 정서를 모른다. 이웃과 화목하고 어울리고 배려해야 하는데 마을 이장과도 인사도 없단다. 숲이 없어지고 자연이 파괴되어 새들이 다시 찾지 않는다. 내가 이사 올 때 분명 하천이었던 계곡 주변이 옆집 사람 소유로 변해 있었다. 그래서인지 제 맘대로 큰 느티나무를 잘랐나 보다. 여름철 태풍이 온다거나 장마가 지면 하천은 범람하여 여러 피해를 줄 것이다. 비가 조금 내렸는데도 제방이 무너지고 교량 아래 돌무더기가 쌓여 수로의 흐름을 막는다.

이웃이 오려면 좋은 사람들이 와야 하는데 그렇지 못하니 어울리기 힘들다. 원주민과 귀촌인들이 화합하고 협조하며 상생하여야 하는데 그렇지 못한 현실이 안타깝다. 이웃과 사이좋고 화목하게 살아가야 하는데 낭패다. 조용히 살고 싶어 지천명에 진안고원, 이 숲속에 대일원을 조성하고 가꾸었으나 몰상식한 이웃들과 상생하기 어렵다. 자꾸만 파괴되어 가는 숲, 떠나는 산새들과 짐승들, 이제 나도 그들처럼 떠날 때가 되었나 보다. 내가 떠나야겠다.

2021. 03. 27.

제2부

공허한 메아리

배신의 늪

올해도 어김없이 봄이 찾아왔다. 불변의 자연 섭리 건만 올봄은 여느 해의 봄이 아니다. 왕소군이 읊은 '춘래불사춘(春來不似春)'의 봄도 아니고, 한 해 중 가장 행복한 계절, 나의 봄은 더더욱 아니다. 이상야릇한 정체불명 바이러스, 코로나19로 전 인류가 불안과 고통 속에 생채기를 앓으며 삶의 즐거움과 행복을 잃은 채 중죄인처럼 칩거하고 있다. 유별난 봄을 맞아 모든 일상을 접고 산막에서 은둔 생활을 하다보니 지나친 삶을 뒤돌아보며 반성하고 참회하는 시간을 갖게 되었다.

몇 달 만에 갑자기 L. M씨와 마주쳤다. 반세기 이상을 절친하게 지내온 지인들이다. 몹시 당황하며 안절부절 어찌할 바를 모른다. 양심은 있나 보다. 나를 적극 추천하고 지원한 뒤 배신을 한 대표적인 몇 사람 중 일부다. 사람인지라 반갑게 대면할 수 없었다. 희수를 넘긴 뒤에 '열 길 물속은 알아도 한 길 사람 속은 모른다.'는 평범한 속담을 뼛속 깊이 새기며 깨달았다. 권모술수가 난무하는 난장판을 비켜 살아온 삶이었기에 배신이란 말 자체를 실감하지 못하였다. 그 말은 사전이나 소설, 드라마 각본 등 문학 작품에만 존재하는 줄 알았었다. 망팔에 배신의 직격탄 비수를 맞다 보니 혼절 직전이다. '믿는 도끼에 발등 찍힌다.'는 속담이 절절하다. 배신이 이리도 아픈 줄을 상상치도 못했다. 정의를 인생의 보편타당한 가치관과 덕목으로 삼고 살아왔었기에 그 충격을 헤아리기 힘들다.

지난해 이맘때 본의 아니게 지역사회 단체장 경선에 뛰어들게 되었다. 별 흥미를 못 느끼고 있었는데 주위 분들과 지역민들이 적극 지지하고 후원하는 거센 뜻을 꺾을 수 없었다. 그런데 어느 날 상대편 당사자가 정도(正道) 아닌 철부지 같은 말로 나의 심기를 건드려 화를 돋우었다. 몹시 불쾌했었다. 나에 대한 설득과 임무 수행의 의지와 명분이 부족하였다. 그는 겉으로 대체적 인품이 점잖고 조용한 편이다. 운 좋게 지방공무원과 면장을 끝으로 공직을 마감했다. 차분하기에 소심하고 결단력이나 추진력, 정의감 등이 부족한 보통 사람이다. 근년에 지혜와 현명함이 모자라 중대한 과실을 몇 차례 하여 지역민들의 입방아에 올라 여론은 좋은 편이 아니었다.

상대 후보는 자기 동창과 두 번에 걸쳐 대결하였으나 세(勢) 부족으로 슬그머니 주저앉으면서 대의원들에게 "지역 주민의 화합을 위하여 양보한다." 핑계를 댔었다.

그동안 상대 후보는 여러 차례 각종 선거를 치렀고 패배한 경험의 노하우가 있었다. 사촌 동생을 선거 참모로 앞세워 치밀한 준비를 하고 있었다. 이번에도 패하면 그는 절망의 나락으로 떨어지기 때문에 사활을 걸은 듯하였다. 참모의 동창과 친구들로 대의원을 암암리 교체하고 확보하였다.

선거 이틀 전 이상한 꿈을 꾸었다. 읍내로 출타 중 마을회관 앞에서 시장에 가려는 마을 아주머니 5~6명을 태우고 출발하려는데, 갑자기 아랫마을에 살았던 Y 부인이 내 차에 올라탔다. 몇 년 전 산속에서 굴밤을 주우러 갔다가 불행히도 그 이튿날 산속에서 변사체로 발견된 분이다. 부인은 황금빛 옷으로 화려하게 치장하고 미소를 머금고 있었다. 차가 비좁아 누가 내릴까 망설이던 중 꿈을 깼다. 이상야릇한 꿈이라 생각하며 잔영이 선명하게 남아있었다. 길몽이나 흉몽도 아닌 것 같은데 왠지 썩 기분이 좋지 않았다. Y 부인은 경선 상대자의 부인이었기 때문이다.

나는 정년 후, 그 단체의 사무국장으로 10여 년간 봉사하며 흐트러진 기틀을 재정비하고 조직의 체계를 확립하여 단체의 구성원과 지역민들에게 호감과 신뢰를 받고 있었다. 단체의 대표가 젊어져야 한다는 지역 사회의 여론도 한몫했었다. 대의원들과 맨투맨 작전으로 진심을 호소하며 지지를 부탁 했었다. 두 번 세 번, 다짐받았었다. 낮은 자세로 겸손을 유지했다. 선출은 틀림없었다.

상대는 팔순 나는 칠순, 그분은 신참 기독교인, 나는 불교인. 그는 유연한 강물 같고, 나는 강건한 바위 같은 정반대의 모습이다. 그가 경쟁에 밀리자 선거 사흘 전 친족, 동창, 교인들이 똘똘 뭉치고 거기에 플러스알파 촉매제를 가미했다는 정보가 들려왔다. 내가 사는 마을에 첩자를 세워놓고 나를 감시까지 하였단다. 양보해 달라는 첩보도 있었다. 적극적으로 나를 따르며 지지하던 어느 후배도 변절하였다. 과거 정치 활동을 할 때 내 도움도 받았건만 실망이 아니라 기가 막혔다. 내가 확보한 몇몇 사람들이 대거 매수되어 변절하였다. 선거의 승리 제1요소는 돈이고, 제2요소는 조직이었다. 인품, 리더십, 실력, 공약이 아무리 좋아도 플러스알파 앞엔 무용지물이란 걸 실감하였다. 치밀한 선거 전략에 뒤통수 맞은 격이다.

배신의 늪에서 허우적거리다 분노와 좌절을 맛보며 지난봄을 망쳐버렸다. 믿음은 영원할 것 같았었다. 그러나 실제는 그렇지 않았다. 꼭 지지하며 응원하고 믿으라며 찰떡같이 약속한 그들이 떠올라 치가 떨렸다. 지조가 없는 그런 사람들에게 마음을 주고, 맹세를 하며 한 약속들이 뜬구름처럼 허무하였다.

그동안 남에게 손가락질 받으며 실없이 살아왔나 되돌아보았다. 살면서 타인에게 무슨 큰 잘못을 했나, 상처나 괴로움을 주었나 수 없이 반문해도 그렇진 않았다. 공직 생활과 사생활이 투명하고 올발랐기에 욕먹지 않고 살아왔었다. 아류에 휩쓸리지 않고 원칙을 지키며 불의와 타협하지 않은 것이 부덕이었나, 원칙이 반칙이 되어 부메랑이 된 꼴이 되었다. 이 세상은 아직 정의와 원칙주의자는 인정받고 용납하는 세상은 아닌가 보다. 이래도 흥 저래도 흥, 그저 그렇듯 다 좋은 것이 좋은 것처럼 호박같이 둥굴둥굴 모나지 않게 사는 게 정도이고 정석인가 보다.

분노를 용서로 승화시키자. 이 봄이 지나고 성하의 여름이 오면 창궐했던 코로나19도 사라질 것이다. 지난 일 년간 배신의 늪에서 허우적거리며 분노하고 절망했던 아픔의 상처를 코로나19와 함께 신록 속으로 말끔히 날려 보내자.

2020. 05. 10.

죄 없는 피고인

나는 매일 아침 체포된다. 오늘 아침에도 또 여지없이 체포되었다. 매일 이른 아침에 체포된다. 더위가 한창인 7월 초부터 사그라져가는 9월 말까지 극치에 이른다. 아래 마당과 현관은 덩굴장미와 으름덩굴로 엉클어진 아치형 터널과 돌계단이 있다. 나는 늘 터널형 돌계단을 오르내릴 때면 양옆으론 근위병처럼 부동자세로 꼼짝 안고 서 있는 초병, 철쭉과 함박꽃들로부터 마중과 전송을 받는다. 환영과 전송받는 개선장군이 된 듯 무척 뿌듯하다.

상쾌한 아침에 보는 거미줄은 최고의 공예 예술품이다. 보슬비에 젖어 맺혀있는 옥구슬, 어디 이 세상에 이리 예쁜 목걸이가 있을까. 수정처럼 투명한 물방울은 김환기 화백의 물방울 시리즈보다 더 영롱하고 몽환적이다. 명주실보다 더 곱고 은은하다. 넉넉한 창문을 열어 바람을 받아 통과시키고 차가운 아침 이슬을 맺혀준다. 햇빛에 반사되면 잘 계획된 도시, 파리의 도로망처럼 가지런하다.

그런 거미줄이 아침 첫 기분을 확 구긴다.

네가 이기나 내가 이기나 오기가 생겼다. 기분 좋게 시작하는 매일 아침 얼굴을 감싸는 끈적끈적한 이물질, 눈에 잘 띄지 않는 그물망, 그물망을 쳐놓고 집주인인 나를 잡아먹겠다고 우직한 생각을 한다. 분명 그 녀석은 지하 비밀 공작원 인냥 꽃 터널 철쭉이나 넝쿨장미 속 어디엔가 깊숙이 숨어서 나를 늘 호시탐탐 지켜보고 있을 것이다. 정의와 질서가 파괴되며 정치의 혼란이 흘러넘칠 때 피곤하고 혼잡한 도시가 싫어 높고 깊은 이곳 산속에 찾아왔었다. 그땐 산짐승과 곤충들의 감시를 받으며 살 줄은 전혀 예기치 못했었다.

그는 레오나르도 다빈치를 능가하는 천재 만능 엔터테이너다. 공중곡예사이며 에어쇼에 능란한 블랙이글스나 탑건을 능가하는 곡예 전투 조종사다. 미켈란젤로를 닮은 건축 예술가이며 조각가이다. 수예솜씨 뛰어난 국보급 자수장刺繡匠이기도 하며 직녀를 능가하는 직조의 장인이다.

남을 잡아먹어야 생존할 수밖에 없는 슬픈 운명을 타고난 비운아 흡혈귀, 생존을 위한 절박한 수단이니 원죄를 물어 죄인 취급을 할 수 없고 벌할 수도 없다. 비열하지만 몸체를 감추고 숨어 그물을 쳐 덫을 만든다.

내 피와 땀 냄새를 독충이나 해충들이 특별히 좋아하는 것 같다. 밖에만 나가면 벌이나 모기들이 환장하게 좋아한다. 사람들이 좋아해야지 벌레들이 좋아하니 나는 전생에 곤충이었을까.

저나 나나 이 숲속에서 같이 살아가는 생명체다. 거미가 볼 때 나는 그저 덩치 큰 한 마리 먹잇감일 뿐이다. 나는 내일도 모레도 거미줄에 끊임없이 체포될 것이다.

2022. 07. 10.

덕분에〉때문에

근래 가장 많이 쓰인 단어는 단연 '때문에'일 것이다. 그 범인은 분명 코로나 팬데믹이다. '때문에'는 앞말이 어떤 일의 원인이나 까닭이 됨을 나타내는 말로서, 어떤 결과에 대한 원인을 표현하는 인과응보 적인 말이다. 별로 좋은 뉘앙스의 말은 아니나 꼭 필요한 말이다. 긍정의 반대인 부정적이며 어떤 잘못된 일에 대한 핑계거리의 원흉이다. '덕분에'라는 말처럼 긍정적이며 덕스럽고 화목한 말이 아니다. "부정적인 사람은 구실과 핑계를 찾고, 긍정적인 사람은 해결 방법을 찾는다."는 말이 있다.

코로나19 때문에 지구촌 모든 이치와 질서는 비정상적으로 진행되었다. 정상적인 것은 거의 없었다. 대부분 집이나 한정된 공간에서 자아를 억제하고 인내하며 세계 질서와 사회 법규에 발맞추려 부단히 노력하였다. 그러다 보니 자아의 개성과 인성이 핍박과 상처를 받고 병들었다. 활동하는 시간 대부분 마스크 쓴 복면강도가 되어 절친한 지인도 단박에 알아보지 못하고 인사도 거르는 면장우피面張牛皮가 되었다. 그저 먼발치나 근처에서 목소나 몸짓 행동거지를 짐작하고 살피면서 인사를 하였다. 먼저 인사하는 예의를 갖추고도 낯선 사람이라 무례를 범하여 무안하기 한두 번이 아니었다. 우리 모두는 이상한 나라 우주에서 온 ET 같은 외계인이 되었다. 코로나19의 위력은 핵무기나 해일. 지진의 가공할만한 위력 이상이었다.

'때문에'를 자주 사용하는 사람은 대부분 부정적인 사람이나 과학적인 사람이다. 핑계와 구실을 먼저 찾으니 실패할 확률이 높다. 한편 깊이 파고드는 끈질기고 집요한 사람들이다. 이에는 동기 부여와 책임 전가가 따른다. 어떤 일에 대한 철저한 원인분석과 비판, 반성과 수정, 부정에서 긍정으로의 전환, 새로움을 생성한다. 지난해는 어느 해보다 집에서 TV와 친해져 게으름 병이 도졌고, 각종 모임의 통제로 안방에 트로트 광풍을 가져오는 기현상이 발생했었다. 여행도 제약을 받아 극한의 스트레스와 짜증, 우울증과 화병을 얻었다. 세상이 온통 비성상이니 소중한 인생, 정치, 경제 모든 게 엇박자다. 현대 문명과 국가와 지역 사회의 수준, 나를 중심으로 한 이웃 주변을 되살펴본다. 새로운 세상 유토피아 제3세계를 창출해야 하는 위기의식에 절박하다. 얻는 것 보다 잃는 것이 많아진 비정상적인 사회의 미래는 어찌될지 가늠하기 어렵다. 지구의 종말은 전쟁이나 지진, 해일, 행성의 충돌 등 천지개벽이 아닌, 자연의 파괴나 미세한 세균에 의해 인류의 파멸을 예견하며 두려운 공포감에 휩싸였다. 인간의 왜소함을 다시 또 깊게 인식하였다.

'덕분에'를 사랑하는 사람은 매사 긍정적이며 결과에 고마워할 줄 아니 성공하는 사람들이다. 그 말은 어떤 일에든 감사하는 성스러운 말이다. 대중 속에서 소외된 개인, 소외감과 고독감에 빠져 자신을 돌아보고 반성하고 사색한다. 만사에 감사할 줄 알며 관조하며 옳고 그름을 판단한다. 모든 사람들이 삼류 철학자가 되었다. 보기 싫은 사람은 안 봐서 좋았고, 가기 싫은 곳엔 안 가서 행복했고, 시끄러운 세상 두문불출하니 조용해서 좋았다. 절친한 친구의 마지막 가는 길에 배웅할 수 없어 죄인이 되어 서러운 세상. 가족, 친족 간 명절과 모임에 만날 수 없어 영상으로 얼굴 보고 대화하는 이상한 세상, 코로나19 덕분이다.

자칭 선진국이라면서 정치 분야 못지않게 의약 분야도 뒤떨어졌음을 코로나 덕분에 알게 되었다. 머리 좋은 수재들은 기초 과학을 멀리하고 돈벌이가 특별한 의사나 법조인이 되었다. 비윤리적인 쪽으로 좋은 머리 굴리다 보니 부만 축척했지 코로나19 백신 하나 못 만드는 허울 좋은 선진국이 되었다. 허수아비 선진국, 오늘날 내 나라의 참모습을 보는 심정이 몹시 안타깝다. 백신을 개발치 못 했으면 확보라도 충분히 했어야 했는데 두 마리 토끼 다 놓친 격이 되었다. 코로나 백신 접종을 담보로 의료법 개정안을 반대하는 의사협회, 지난해 공공의료 법안 반대를 위해 의사 총파업을 시행하고 의사국가고시를 거부한 의대 졸업생들의 철면피가 가증스럽다. 그들은 법과 국민 위에 존재하는 신들인가. 정말 웃기는 나라다. 의사는 많으나 코로나 백신 하나 제대로 만드는 의료인이 없는 나라 대한민국, 코로나 예방은 선진국이나 백신 개발과 확보 정책은 낙제점 후진국 수준이다. 성형외과 의사는 넘쳐나건만 질병 관리 예방 의사는 턱없이 부족하다. 국가 의료 정책 시행 역시 섬약하고 느림보 거북이다. 국가의 힘이 제대로 먹

혀들지 않는 치외 법권 불멸의 성지, 정치계, 재벌계, 법조계와 의료계이다. 애꿎은 서민만의 설움이다.

만사는 유비무환이다. 발등에 불티 떨어져야 허둥지둥 요란을 떠는 우리나라, 역사적 국치인 임진왜란도 한국전쟁도 미리 준비치 않은 불행의 결과다. 하기야 전쟁 나면 나라의 왕과 대통령이 '안심하라'면서 백성을 속이고 저만 살겠다 도망치는 나라가 우리나라다. 부끄럽지 않은가.

충분한 재력이 있어야 건강하고 행복한 삶을 즐길 수 있다는 평범한 진리를 가르쳐 준 코로나19. 사랑을 제일의 교리로 삼아야 하는데 질서 파괴와 인명 경시 신성 모독을 일삼는 정의롭지 못한 일부 한국 교회의 치부를 보는 씁쓸함, 여행을 못 해 얻는 것이 잃는 것보다 많은 세상이 되어야 하는데 잃는 것이 얻는 것보다 많은 것을 가르쳐 준 세상, 지난 일 년 간은 코로나 덕분에 마냥 헛된 시간은 아니었다.

이상야릇한 세상사는 법을 배우고 익혀야겠다. 「코로나 세상 살아가는 사용 설명서」를 구해서 숙독해야겠다.

2021. 02. 25.

유감천만 ARS

정말 짜증난다. '다시는 이용치 않는다' 매번 굳게 다짐하건만 도로 아미타불이다. 높은 산 중턱 언덕배기서 산짐승과 날짐승을 동무 삼아 여생을 즐기는 나로선 컴퓨터나 핸드폰 관련 난제가 발생하면 무척 당황스럽고 곤혹스럽다. 최첨단 IT 강국 대한민국의 국민임이 자랑스러우나 한편으론 불행한 세대임을 자괴한다. 칠순의 중턱에 서 있는 나로선 급진하는 전산 시대를 따라가기 벅차다. 10년만 늦게 세상 빛을 보았더라면 이리 당혹스럽지 않았을 것이다. 아쉬울 뿐이다.

엊그제 일이다. 평소 무리 없이 잘 열리던 컴퓨터에 이상이 발생되었다. 내가 자주 이용하는 S 문학 카페가 좀처럼 연결이 되지 않았다. 주요 회원으로 등록되어 있는데도 로그인이 안 된다. 카페지기도 그 이유를 모르겠다는 대답, 멀리 떨어져 있는 아이들에게 묻기도 그렇고, 그렇다고 곁에 있는 산 · 들짐승들에게 물어봤자 대답은 뻔할 뿐이고, 이 위기 상황을 해결하려면 기기器機를 싸짊어지고 30리 길 읍내까지 가야 한다. 난감하였다. '목마른 놈이 샘 판다'는 말대로 어쩔 수 없이 다시는 이용치 않겠다고 굳은 맹세를 했건만 지조 없이 또 전화기를 집어 든다. K 톡 고객센터 1577-3321, 이런저런 이유를 들어 상담원과 연결이 안 된다. 신원 확인, 언행 조심에 대한 경고성 은근한 협박 뒤, 몇 번을 눌러주세요? 알림톡이나 챗봇을 이용하라며 문자 메시지만 끝없이 온다. 몇 번을 시도, 반 시간가량 소비하다 제풀에 꺾여 모든 걸 포기하고 그만둔다.

지난봄, 사월 이야기다. 두 주간 그리스 기행을 마친 뒤 마일리지 적립을 위해 공항 해당 항공사 사무실에 방문했으나 직원은 퇴근했는지 문이 잠겨 있었다. 귀가 후 증빙 서류를 갖춰 A 항공사에 보냈다. 열흘이 지나도 답이 없더니 추가 적립 안 된 종전 마일리지가 메일로 알려왔다. 내용 확인을 위해 고객 센터 ARS를 이용하였으나 연결할 수가 없었다. 쓸데없는 장황한 자동 응답과 '잠시만 기다려 주세요?' 하면 짧아야 5분, '민원인이 밀려 10분 이상 기다려 주세요' 길게는 한 시간을 소비했다. 3일에 걸쳐 10번, 시간으론 세 시간 이상을 헛되이 소모했다. 발바닥 뒤꿈치 피가 머리끝까지 솟아오르고 이빨에 땀이 날 지경에 이르렀다. 회사 홈페이지와 관련 정부 감독 기관인 주무 부처에 민원을 제기하고 철저한 진상 조사를 요청했다. 며칠 지나서 회사 홈페이지에 민원의 답변을 사과하며 처리되었다는 연락이 왔다. 직원 부족과 업무 폭주로 인한 이유를 들었다. 진정성이 없는 핑계의 답신임을 간파했다.

여행이 잦은 나는 장거리 항공기 이용이 많은 편이라 마일리지 적립이 꽤 많은 편이다. 사실 마일리지 적립 제도 역시 실효성이 낮은 정책이다. 현금으로 환불하거나 운임을 내리면 좋으련만 그러하지 않고 적립을 유도하는 항공사의 의도를 모르는바 아니다. 고객센터 자동 응답 장치, 이는 업무 간소화나 행정 간소화에 적용, 업무 능률을 꾀하고자 도입한 제도일 것이다. 어느 회사나 공공 기관에서 시행하는 시스템이다.

요즘 신세대나 청년들 아니고 컴퓨터나 스마트폰을 능수능란하여 자유자재로 조작하는 사람들은 드물다. 특히 전후 세대, 산업의 역군 주역이었던 중장년과 노인들은 더욱 그렇다. 그만큼 정신적 신체적으로 노화되어 급변하는 세태와 전자 통신 기기에 취약하다. 얼마 남지 않은 노인들은 삶의 길이 평안하고 행복하여야 한다. ARS로 소비하는 시간이 너무 아깝다. 그로 인해 헛되이 통신비로 지출되는 돈도 아깝다. 장시간 스트레스를 받아 건강에 해롭다. ARS 통신비는 대부분 사용자 부담이다. 왜? 소비자가 통신사 배 불려줘야 하나 의문이다. 이런 식으로 전화 자동 응답 시스템을 운영할 거라면 폐지하고 다른 방법을 찾아야 할 것이다. 그러나 예부터 실시 운영되고 있는 정책을 진화 발전시키려면 상담원을 대폭 늘려 운영하여야 할 것이다. 우리나라 노인 인구가 총인구의 20%를 넘겼다. 일천만이다. 서울 인구를 넘어 수도권 인구와 맞먹는다. 오늘날 우리나라 풍요의 역군이며 주춧돌인 노인들의 여생은 얼마 남지 않았다. 어른들의 남은 삶이 건강하고 즐겁고 행복하여야 한다. 국가와 사회는 복지 세상을 만들어야 하는 것이 천명이며 책무다.

위정자와 회사는 당장 상담원을 대폭 늘려 서비스를 개선하여야 한다. 그리하여 실질적인 일자리를 창출하여 노인들이 살 만한 세상을 만들어야 한다. 국민의 표를 구걸하는 정치인들은 뭐 하는지 모르겠다. 세비와 권력을 남용하는 값만큼 일했으면 좋겠다. 쉽게 해결할 수 있는 생활 민원부터 입법 시행하여야 한다. 오래전 이와 같은 일로 엄청 스트레스를 받아 모 일간지에 칼럼을 기고한 일도 있었다. 여론화가 되면 곧바로 정책을 바꾸고 시행하여야 하는데 법치를 지상 최고로 삼는 나의 조국 대한민국은 개선하려도 '법이 없어서'란 답변, 공허한 메아리로 들려온다.

정부, 공공기관, 기업이 서로 협력하여 이런 불편한 생활 민원을 개선해야 한다. 빠르면 빠를수록 좋다.

*. ARS(Automatic Respone System) :전화 자동 응답 장치

2023. 08. 02.

하얀 깃발

노년을 조용히 살고파 찾은 산속, 불청객 코로나19로 적막이 절정이다. 두어 달 몸 웅크리며 살다 보니 생병이 나는 듯하다. 부처님 오신 날도 산막 대일원垈一苑 지킴이가 되었다.

운동을 쉰 지 두 달이 넘었다. 좀이 쑤셔 견디기 힘들다. 5월에 접어들며 코로나19가 주춤하며 확진자 수가 한 자릿수로 확연히 줄어들었다. 사회적 거리두기 이행을 준수하며 사회적 활동이 부분적으로 완화되었다. 남쪽 바다 통영, 사량도를 나 홀로 종주 등반을 하기로 했다. 두 달 이상 칩거하며 멍때리다 보니 몸무게가 다섯 근이나 늘었다. 험난한 코스로 악명 높아 내 나이에 한나절 종주 코스가 무리인 줄 알면서도 체력을 시험하고 몸무게도 조금 줄이고 싶었다.

아침 안개를 뚫고 삼천포로 불리던 사천시로 2시간을 달렸다. 내비게이션은 옛 여객선 터미널, 수협 공판장으로만 안내한다. 안내 방송하는 아가씬지 아줌마는 늦잠 자는지 외출 중인지 기척도 없이 나를 골탕 먹인다. 몇 번 와 본 낯익은 항구건만 오랜만이라 그런지 낯설다. 현장 확인을 하니 내가 찾는 연안 여객선 터미널은 신항新港으로 옮겨져 있었다. 이곳 삼천포항에서 사량도로 가는 선착장은 세 곳이나 있었다. 정보화 최첨단국인 우리네 현실이 조금 민망하다. 반세기 전 부산과 여수를 오가던 쾌속선 비너스와 엔젤호는 이곳 삼천포에서 중간 기착을 했었다. 선상에서 맛보고 듣던 토스트와 '삼천포 아가씨'란 슬픈 멜로디가 애잔하고 아련하다.

정오 넘어 해무 가득한 섬에 도착하여 등반을 시작한다. 계절은 성큼 여름철로 접어든 듯 25℃를 웃돈다. 내가 오르는 코스는 한적하다. 나를 포함하여 단 세 명뿐, 가장 멀고 험해 힘들기에 다들 짧고 쉬운 코스를 택한 것 같다. 그나마 동행인 젊은 부자父子간은 중간에서 하산했다. 선착장 내지에서 출발 금복개 마을을 거쳐 면사무소 소재지 금평항에 이르는 산행이다. 상도上島를 서에서 동으로 주 능선을 타는 종주 코스다. 남쪽 섬이라 그럴까, 계절은 두 주 이상 빠르게 흐르고 있었다. 365m, 첫 봉우리 옥암봉에서 한숨 고른다. 수우도를 비롯한 크고 작은 섬들이 올망졸망 구슬처럼 빛난다. 지리산이 보인다 해서 지이망산智異望山이 본 산명인데 요샌 지리산이라 불린다. 398m, 표지석도 지리산이다. 지리산智異山한테 혼쭐 날까봐 그럴까 한글로 표지석을 새겼다. 바위들이 독특했다. 시루떡을 반듯하게 잘라 비스듬히 산속에 꽂아 둔 듯 날카롭다. 한두 곳이 아니다. 지질학도들이 한 번쯤 탐사하여야 할 학습장일 성싶다. 월암봉을 오르고 내리며 숨이 차다.

길을 잃을만한 바윗길 우회로 싸리나무 끝에서 하얀 손수건이 해풍에 펄럭인다. 산악회 등산로 안내 리본이려니 하며 지나치다 보니 코로나19 감염 차단 하얀 마스크다. 내지마을에서 세로로 질러 오르는 길과 만나는 삼거리 휴게소, 개장 휴업인 상태로 파라솔과 쓰레기 자루만 나뒹군다. 목마를 때 마셨던 생명수 빈 플라스틱 물병들이 구석진 바위 밑이나 나무숲 뒤로 수북하다. 곳곳에 자주 눈에 띄고 강풍에 휘날린다. 쓰레기 더미는 오래전부터 쌓여 있었던 흔적이다. 온 세상은 코로나19로 지금 신음 중이다. 남한 100대 명산에 드는 이 산은 시방 중병을 앓고 있었다. 최소한 두 달 이상 사람의 발길이 뜸했었을 것이다. 등산로도 별 흔적이 없고 산새들 노랫소리는 경쾌하고 오솔길은 조붓하다. 야생화들이 숲에서 소박한 미소로 반긴다. 바닷새도 해풍을 타고 비상한다. 불모산-가마봉-구름다리-옥녀봉을 오르내린다. 상도와 하도를 연결한 사량대교가 멀리 희뿌옇다. 육지와 바다 사이 수많은 섬 다도해, 장관의 절경이다. 대항마을과 해수욕장이 백합껍질처럼 앙증맞고 예쁘다. 숨이 차고 허벅지와 장딴지가 알이 막혀 쑤신다. 힘에 부친다. 나이와 체력을 가늠해본다. '세월 앞엔 장사 없다.'는 말을 해풍에 날린다. 한심하다. 씁쓸하다. 지난 30~40대 시절 전국 명산들을 누비던 날들이 이젠 아련한 기억일 뿐이다. 잠자리를 예약치 않고 왔기에 하산을 서두른다.

보이지 않는 죽음의 저승사자, 바이러스를 차단했던 마스크가 드문드문 나뭇가지에 걸쳐 펄럭이고 등산로에 나뒹군다. 벌써 다섯 개째다. 얼마나 무거웠으면 들고 가기 힘들기에 버리고 갔을까? 다섯 시간 동안 스쳐 간 사람들은 스무 명 남짓 한데…. 마음이 무겁다. 실체도 없는 죽음의 저승사자 바이러스를 찾아 생사의 경계를 넘나들며, 목숨을 걸고 장기간 거룩한 싸움을 하는 의료진을 조금이라도 생각한다면 이럴 수는 없다. 코로나바이러스19는 현재 진행 중이다. 나 또한 자가 근신을 못 하고 일상 속으로 탈출한 죄일까? 못 볼걸 많이 본 탓인지 내내 마음이 무겁고 언짢다.

이튿날 풍경 몇 컷을 남기려 콜 밴을 불러 타고 상•하도를 두루 살핀 뒤 섬을 떠나왔다. 오월을 짝사랑한 죄로 다시 찾은 사량도, 아니 옴만 아니 봄만 못했다. 아니다 때를 잘 못 맞췄나 보다. 집콕해야 할 때다.

2020. 05. 06.

요즘 악질

목사牧師

"하느님도 까불면 죽여 버린다."는 하나님의 사도使徒는 대단한 사람이다. 아니, 사람이 아닌 더 존귀한 하나님보다 상전인 신 이상인 존재인가 보다. 이리저리 살피니 전 GH은 사이비 목사란다. 그가 주신主神으로 떠받드는 예수를 나무라고 혼내며 신성 모독하는 그는 대체 어떤 거창한 존재일까? 아마 신 중의 신 제우스신 정도일까? 반년이 넘도록 코로나19로 온 세상이 난리인데 "자기 교회 교인은 바이러스19에 감염도 안 되고, 기도하면 코로나바이러스 환자도 깨끗이 치유된다."며 귀신 씨나락 까먹는 소리로 횡설수설 나팔 부는 미치광이 나팔수, 온갖 범죄 다 저지르며 마냥 까불더니 1,000여 명 넘는 사랑제일교회 불사신 신도는 코로나19 환자가 되었다. '못된 송아지 엉덩이에서 뿔난다.'더니 구속되었으면 구치소에서 얌전히 기도하며 회개나 할 일이지, 금보석金保釋으로 풀려나 8.15 불법집회를 주도하였다. 실체도 없는 바이러스를 바람에 날려 아수라로 만들었다. 세금도 안

내는 주제에 국민이 낸 세금을 축내는 철면피, 이웃을 사랑하며 베풀고 나누는 미덕을 실천한 예수를 따르지는 못할망정 어깃장은 부려선 안 되는데……. 존귀하신 성직자 나리님. 국민은 대부분 "전 GH 너도 목사냐? 해도 해도 너무한다."라고 조롱하며 비통해하는 소리를 진정 못 듣는가. 제발 정신 차리시게. ××새끼보다 못한 목사님이시여! 그대는 진정 두려움과 선악과 겸양을 모르는가? 국민이 비웃고 조롱하며 엄중히 지켜보고 있다. 가관인 것은 그를 따르는 꼴통보수 전직 국회의원들, 타락한 정치꾼과 무지몽매한 신도들이다. 더 웃기는 것은 병보석 아닌 금보석을 승인한 사법부의 별, 판사다. 교회를 탄압한다고 억지 부리며 악쓰는 변호사 또한 꼴불견의 극치다. 신천지교회를 비롯한 개신교 일부 종파가 기독교와 국가를 기망하고 국민을 조롱하며 정국을 혼란 시켰었다. 한국기독교 연합회는 뭐 하는지 모르겠다. 문제가 되면 이단이라 하면서도 그동안 이단 행위에 대해 어떤 특단의 조치도 취하지 않았었다. 그러면서 하나님의 복음을 널리 전파하고 선교할 수 있겠는가. 국내 개신교인이 현저히 감소하고 있는 이유를 심각히 곱씹어 볼 일이다.

제2의 종교 개혁이 필요한 때가 되었다.

의사醫師

코로나바이러스로 세상이 뒤죽박죽인데 제 밥그릇 챙기겠다며 파업하는 상류층 금수저 귀족님들. 당신들 먹여 살리는 밥줄, 국민과 환자는 공포에 시달리며 하루하루를 긴장하며 사는데 당신들은 어쩌자는 겁니까? 하물며 바늘과 실의 관계인 동료 간호사의 건강은 안중에도 없는 겁니까? 죽어가는 환자는 의사의 치료도 못 받고 그대로 죽으라는 겁니까? 당신들은 직무 유기에 의한 살인범입니다. 〈히포크라테스 선서〉를 한 것은 새빨간 거짓이었습니까? 국민이 대다수는 의사 수 늘려 의료 수준 높이고 공공 의료를 확대하기를 원합니다. 이런 보편타당한 정책이 그렇게 잘못된 것입니까? 그로 말미암아 진료 거부, 의사국가고시 보이콧, 집단 파업하는 나라 대한민국. 진정 이 나라는 자유롭고 정의로운 나라입니까? 아니면 무능한 민주국가입니까? 귀하들처럼 머리 좋고 공부 잘하나 비뚤어진 이기주의자 집단 때문에 대한민국은 선진국이 못 되는 것을 아시는지요. 그 영특한 두뇌로 연구하는 의사, 과학자가 되어 노벨상이나 타 보실 생각은 없으신지요. 왜 의사가 되어 X 지랄이나 하고 돈 밝히는 샤일록이 되었나요. 심성 착하고 남의 생명 아끼고 사랑할 줄 아는 선량한 측은지심이 가득 찬 가슴 뜨거운 사람이 의사가 돼야지, 사악한 분들이 의사랍시고 으스대고 목에 힘주니 일보 전진 이보 후퇴입니다. 의성醫聖 허준과 슈바이처가 왜 만고에 존경받는지 아시지요? 장수 시대에 착한 의사 많이 양성하여 건강한 사회 만들어야지요. 파업한 의사들은 일정 기간 면허 취소하여 자격 박탈하고, 남들이 꺼리는 3D 직종에 종사시켜 개과천선 시켜야 합니다. 의사국가고시를 거부한 의대생들, 내년 시험 때까지 유예하여 죗값을 치러야 합니다. 대한의사협회장 C라는 자는 국민의 건강과 코로나19 방역보다 제 밥그릇 채우기 위해, 국민과 환자를 담보로 진료 거부 파업을 선동하며 더럽고 추악한 이름을 전국에 알린 죄 매우 크니, 가중 처벌, 엄벌에 처하여야 합니다. 국민의 0.02% 귀족님들! 본연의 임무에 충실하시기 바랍니다. 국민들의 눈총

이 따갑지도 않습니까? 철면피들 같으니라고. 당신들이 진정 존엄한 인간의 생명을 존중한다면 아류에 좌지우지 휩쓸리지 말고 히포크라테스 선서를 한 처음으로 돌아가시기 바랍니다. 당신은 진정으로 선량한 인간인가? 사이비 의사인가? 깊은 반성과 성찰이 있기를 원합니다. 의사 나리 나쁜님들! 한국을 좀먹는 현대판 금수저 귀족님들! 가슴을 활짝 열고 국민의 원성을 들으세요. 느끼세요. 그리고 마음을 뜨겁게 달궈 인류와 환자를 사랑하세요.

아직도 우리 사는 세상엔 가슴 따뜻한 목사님과 의사님들이 많습니다. 그분들 때문에 세상은 밝고 따뜻합니다. 일부 몰지각한 분들로 인해 싸잡혀 욕먹고 세상이 시끄럽습니다. 그러나 우리 사는 세상엔 따뜻한 가슴을 가진 훌륭하신 성직자와 의술을 펼치는 분들이 많습니다. 아직 살만한 세상입니다. 조금 실망하나 절대 절망하지 않습니다.

2020. 08. 15.

제2차 종교 개혁

목사牧師

"하느님도 까불면 죽인다."는 하나님의 사도使徒는 대단한 사람이다. 아니 사람이 아닌 더 존귀한 하나님과 동급인 신인가 보다. 이리저리 살피니 전 GH은 사이비 목사란다. 그가 주신主神으로 떠받드는 예수를 나무라고 혼내며 신성 모독하는 그는 대체 어떤 위대한 존재일까? 아마 신 중의 신 제우스신 정도일까? 반년이 넘도록 코로나19로 온 세상이 난리인데 "자기 교회 교인은 바이러스19에 감염도 안 되고, 기도하면 코로나바이러스 환자도 깨끗이 치유된다."며 귀신 씨나락 까먹는 소리로 횡설수설 나팔 부는 미치광이 나팔수, 온갖 범죄 다 저지르며 마냥 까불더니 1,000명 넘는 사랑제일교회 불사신 신도는 코로나19 환자가 되었다. '못된 송아지 엉덩이에서 뿔난다.'더니 구속되었으면 구치소에서 얌전히 기도하며 회개나 할 일이지, 금보석金保釋으로 풀려나 8.15 불법 집회 주도하여 실체도 없는 바이러스를 바람에 날려 아수라장을 만들었다. 세금도 안 내는 주제에 국민이 낸 세금을 축내는 철면피, 이웃을 사랑하며 베풀고 나누는 미덕을 실천한 예수를 따르지는 못할망정 어깃장은 부려선 안 되는데……. 존귀하신 성직자 나리님. 국민은 대부분 "전 GH 너도 목사냐? 해도 해도 너무 한다."라고 조롱하며 비통해하는 소리를 진정 못 듣는가. 제발 정신 차리시게. ××새끼보다 못한 목사님이시여! 그대는 진정 두려움과 선악과 겸양을 모르는가? 국민이 비웃고 조롱하며 엄중히 지켜보고 있다. 가관인 것은 그를 따르는 꼴통 보수 전직 국회의원들, 타락한 정치꾼과 무지몽매한 신도들이다. 더 가관인 것은 병보석 아닌 금보석을 승인한 사법부의 별, 판사다. 교회를 탄압한다고 억지 부리며 악쓰는 변호사 또한 꼴불견의 극치다. 신천지교회를 비롯한 개신교 일부 종파가 기독교와 국가를 기망하고 국민을 조롱하며 정국을 혼란시켰다. 한국기독교 연합회는 뭐 하는지 모르겠다. 문제가 되면 이단이라 하면서도 그동안 이단 행위에 대해 어떤 특단의 조치도 취하지 않았었다. 그러면서 하나님의 복음을 널리 전파하고 선교할 수 있겠는가. 국내 개신교인이 현저히 감소하고 있는 이유를 심각히 곱씹어 볼 일이다.

어둡고 추운 음지에서 인간 구원과 좋은 세상 만들기 위해 고군분투 피땀 흘리는 선량한 대부분 목사님들의 이름을 더럽히지 말라. 제2의 종교 개혁이 필요한 때가 되었나 보다.

2021. 03. 15.

60km로 달리라구요

전주에서 동부 산간 고원 진안으로 가는 도로는 네 개가 있다. 진안은 장수와 무주에서 전주를 잇는 중간 지점 길목으로 중요한 교통 요지다. 가장 먼저 개설된 도로는 일정 치하에 개설된 웅(곰)치를 넘는 도로다. 지금은 호젓한 산책길이나 옛 추억 깃든 낭만적인 길로 지금도 소형 자동차 통행은 가능하다. 내 고교 시절 전주를 오가던 아흔아홉 굽이라는 일명 곰치재. 1966년 6월 6일, 현충일에 열다섯의 사망자와 50여 명의 중상자가 발생한 대형 사고가 발생했었다. 무주에서 내 고향 상전을 경유 진안을 거쳐 전주로 가는 30번 국도를 달리는 버스였다. 그 버스가 만원이라 그 버스를 탈 수 없었기에 내가 살아있는지도 모른다. 잦은 사고가 나자 두 번째 길이 개설되었는데 1970년대에 일부 구간을 변형한 모래재이다. 그 길에서도 심심찮게 큰 사고가 발생하여 지역 주민들의 희생이 컸다. 세 번째 길은 1990년대 무주 동계유니버시아드 대회를 위해 긴급 개설된 보룡재를 넘는 지금의 26번 국도다. 이 길도 급경사와 꾸불꾸불한 참 위험한 길이다. 그동안 대형 사고는 없었지만 작은 교통사고가 빈번한 편이다. 네 번째 도로는 2007년 익산 포항 간 20번 고속도로(익산-장수)가 일부 개설되었다. 그러나 지역 주민은 주로 26번 국도를 이용하여 전주와 진안을 통행하고 있다.

진안고원과 전주시는 약 300m의 표고차가 있다. 그로 인해 진안 지역은 비, 눈, 안개가 많아 전주 지역과 달리 변화무쌍한 기상 변화로 늘 운전자들을 긴장시킨다. 특히 장마철과 겨울철 폭설 때는 더욱 그렇다.

지난 7~ 8월부터인가 진안군과 완주군 경계, 보룡재(해발 410m)로부터 완주군 소양면 화심 교차로까지 주행 속도 단속 구간이 생겼다. 계도 기간을 거쳐 9월부터 과속 단속을 시행하고 있다. 그런데 상한 속도는 60km다. 보룡재 정상에서 화심리 단속 카메라까지 약 4km, 고개 정상부에서 해발 300여m 지점까지 2km 남짓은 급경사와 노선이 지그재그라 위험한 편이다. 그러나 아래 화심리 쪽 낮은 곳 도로 2km 정도는 비교적 완만한 직선로이다.

진안에서 전주까지 주행 속도는 구간별로 30, 50, 60, 70, 80km로 정해져 있다. 대다수 운전자는 눈비 내리고 안개 끼면 누구나 60km 미만으로 감속 운행한다. 운전자는 기상 상태에 따라 속도 변환에 민감하다. 경찰청이나 도로교통안전협회 등 관련 부처에서 심사숙고하여 제한 속도를 결정하고 단속 카메라를 설치 운영하겠지만 도로 여건이 열악한 이곳 주민들은 교통 법규 위반 범칙금을 무시할 수 없다. 아마 전북 최고의 속도 위반 부과 범칙금 징수 단속 카메라가 될 것으로 믿어 의심치 않는다. 비현실적인 속도 제한을 단속하려면 도로를 잘 건설해야지 도로를 안전에 취약하게 만들어 놓고 철저히 과잉 과속 단속을 하는 것은 어불성설 유감이다. 선거철만 되면 역대 국회의원들과 정치권에서 떠들던 보룡재 터널 공사는 어디로 실종되었는가? 지금은 말이 없다. 일반 자동차는 시속 240km까지 최고 속도를 내도록 만들어 놓은 이유를 모르겠다. 빨리 달리자는 말은 절대 아니다. 악법도 지켜야 한다는 말은 설득력이 뒤떨어진다. 법과 규칙은 현실에 맞게 수립되고 지켜져야 한다. 비현실적인 단속에 짜증 난 주민들은 옛길로 돌아가기, 유료 고속도로 통행하기 등이 번지고 있다.

구간 단속 제한 속도를 현실성 있게 70km로 상향 조정하던가, 아니면 구간을 둘로 나눠 위험지역 상부는 60km, 하부는 70km로 변환 운영했으면 좋겠다.

아울러 덧붙이자면 교통사고 예방은 과속 단속 못지않게 방향 지시등 작동이 중요하다. 그리고 방향 지시등은 교통의 흐름과 속도를 원활히 한다. 위반자를 지속적 의로 계도 단속하면 좋겠다. 거의 대다수 운전자는 좌우 신호 없이 주행한다.

30년 넘게 말도 많고 탈도 많은 전북의 계륵, 새만금 투자액 10%만 동부권에 투자했더라면 전북은 훨씬 발전하고 진화했을 것이다.

2023. 09. 20.

제3부

세상 밖으로

횡설수설 미니 여행 백서

“내가 로마 땅을 처음 밟은 그날이 나의 제2의 탄생이며, 진정 내 삶이 다시 시작된 날이다.” 세계적인 대문호 독일의 괴테의 말이다. 괴테는 로마를 여행함으로써 독일을 벗어난 유럽과 더 넓은 세계를 보았기 때문이다. 그에게 로마 여행은 세계관과 우주관의 영역을 넓혀 인생관을 확립하였고, 사고를 한 단계 끌어올려 독특하고 심오한 자신만의 문학적, 철학적 세계를 구축 확립하였다. 『젊은 베르테르의 슬픔』, 『파우스트』를 비롯한 명작의 근원이 되었다.

여행은 설렘과 감동이다. 설레임으로 시작하여 감동으로 끝맺는다. 그러나 사람에 따라 때론 설렘과 감동이 회한으로도 남는다. 여행은 무한한 인내를 요구하는 고행이기도 하다. 낯선 것과의 만남이며 파노라마다. 파노라마는 유리창 밖으로 펼쳐지는 풍경의 퍼레이드다. 여행은 비바람 쳐도 좋고 눈보라 쳐도 좋다. 햇빛 좋은 쾌청하고 명징한 날씨라면 그 또한 좋다. 턱밑에 구슬땀이 송골송골 맺힐 무렵 상큼한 산들바람 불어오면 이 또한 좋다. 40대 초반까지 국내 구석구석 산맥을 중심으로 마을과 도시, 바다와 섬, 문화 유적을 중심으로 오지 탐방 여행을 마쳤다. 그 뒤 30여 년간 해외로 발길을 돌려 지구 몇 바퀴 100여 개국 가까이 싸돌아 다녔으나 아직도 나는 여행에 목마른 갈증뿐이다. 오래전 계획했으나 이런저런 사정으로 밟지 못한 땅, 미지의 땅과 하늘, 그들 몇 나라가 아른거려 잠 못 이룬다. 그동안 하늘길과 길 위에 뿌린 비용도 만만치 않다. 셈한다면 수도권 보통 아파트 한 채 값은 족히 될 것이다. 올핸 불청객 코로나19로 계획된 두 번의 먼 여정을 취소하고 보니 좀이 쑤셔 안절부절 정서 불안이다. 결과적으로 빈자의 재화를 해외 유출을 막았으니 나름 애국한 셈이다. '꿩 대신 닭'이라고 국내 오지 섬 투어를 슬쩍슬쩍 했으나 바이러스에 자유롭지 못해 성에 차지 않았다.

여행과 관광은 엄연히 다르다. 여행(Travel)의 어원은 Travail이다. Travail은 고통, 고난을 일컫는 말이다. 여행은 Nomad-유목민이란 말과 일맥상통한다. 현대는 고대나 중세에 비해 교통수단과 문명의 급격한 발달로 여행의 참맛, 고통과 고난의 쓴맛은 쾌락과 즐거움 오락의 달콤함으로 변질되었다. 그러나 더 넓고 높은 세상을 보게 되었다. 여행은 국내 여행과 국외 여행으로 구분할 수 있다. 우리 민족은 남북으로 나뉜 분단국인 관계로 조그만 땅 국내 여행은 끝에서 끝까지 자동차로 하루거리다. 고구려 고토나 북한을 가고 오려면 제3국으로 빙 돌아가야 했기에 가슴 아파했었다.

여행의 목적은 문화탐험이나 역사 기행 등 미지의 세계를 보고 느끼며 발견하고 자아를 찾아가는 과정이다. 여행 중 탐험이나 탐방은 느리나 치밀하게, 깊이 있고 심오하게 탐색할 일이다.

관광은 대충대충 주마간산 식으로 가볍고 즐겁게 살펴 즐거움을 얻는다. 여행은 기행이며 고행이다. 여행은 개인 여행과 단체 여행이 있다. 개인 여행은 배낭여행이 진수다. 스스로 걷고 대중교통을 이용한다. 단체 여행엔 지향하는 목표가 같은 집단끼리 하는 게 일반적이다. 타인끼리 패키지여행이 대세나 요즘은 동호인끼리 동질의 여행을 많이 한다. 시간적 여유가 있을 때는 대형 유람선을 이용한 크루즈 여행이 제격이며 요즘 대세다. 재력가들은 전세기나 자가용 비행기를 이용하여 세계 여행을 하기도 한다. 가까운 미래에 우주여행이 실현될 것이다. 벌써 한두 사람은 우주인이 되어 꿈을 이뤘다.

대부분 한국인들은 해외 관광을 해외여행이라 생각한다. 일정 부분 맞기도 하지만 엄밀히 따진다면 옳지 않은 말이다. 관광은 눈으로 보는 것이고 여행은 마음으로 느끼는 것이다. 여행은 기록으로 여행기를 남기고 사진으로 남긴다. 반세기 전만 해도 카메라는 특수층만 소유한 귀중품이었다. 사진작가나 마니아 아니면 갖기 힘든 고가품이었다. 21c를 맞아 스마트 폰 카메라 촬영이 보편 대중화되어 누구나 쉽게 촬영할 수 있고 모두 다 사진작가가 되었다.

관광의 일부분은 쇼핑이다. 경제력이 풍족한 일부 몰지각한 부유층은 명품을 싹쓸이하고 그도 모자라 밀수하여 구설수에 얽혀 이름을 더럽히기도 한다. 필요에 의한 생필품 구매가 아니고 장식용, 과시용으로 사치품을 사들여 외화를 낭비한다. 오래전 파리의 유명 백화점을 싹쓸이하는 중국 아줌마 부대를 보고 기겁을 한 일이 있었다. 이에 못지않게 쇼핑 관광을 하는 일부 우리 국민, 부유층 여성들로 인하여 비행기 출발이 지연되는 것을 보면서 씁쓸했던 기억을 지울 수 없었다. 그 백화점에는 일본, 한국, 중국 여성 고객을 특별 관리하는 해외 고객 담당 상무가 있다고 들었다. 얼마나 많은 매출을 올려 줬기에 최 선진국에서 융숭한 대접을 받으며 VIP로 관리되고 있다는 것은 경악이었다. 그들은 분명 속 빈 동양인 졸부들이라고 비아냥거렸을 것이다. 얼굴이 붉혀지고 부끄러웠다. 가슴이 두근거렸다.

18C까지만 해도 지역 간 육상 이동은 걷거나 말이나 노새 등 가축에 의존하였다. 해상은 배를 이용했었다. 기차와 자동차 비행기가 출현하게 되자 거리가 가까워졌다. 미래는 우주선을 이용한 우주여행도 시작될 것이다. 인간은 이동 수단으로 짐승과 바퀴와 날개 달린 기계 장치를 이용한다. 자전거, 오토바이, 자동차, 캠핑카, 기차, 유람선, 항공기 등이다. 그리고 길들인 동물들을 이용하기도 한다. 사막에선 낙타, 티베트나 히말라야 산악이나 몽골 초원에선 말과 나귀의 힘을 빌려 오지와 험악한 산악 여행을 한다. 동서 시베리아 횡단이나 북미 대륙 동서 횡단 여행은 기차 여행이어야 하고, 대륙 간이나 바다 여행은 시간적 여유 속에 크루즈 여행이 제격이다. 대체적으로 빠른 여행은 항공기를 이용한다. 곧 꿈같은 우주여행의 시대가 도래되나 나에겐 그저 꿈이다. 시간과 돈이 없다.

여행을 하려면 먼저 여행 계획을 전략적이고 충실하게 세워야 한다. 현명한 여행 계획을 성실하고 알뜰하게 이행하면 후회 없는 여행이 된다. 시간, 돈, 건강, 자연 현상 등 여행지의 정보에 민감해야 한다.

여행 예찬론자들의 공통적인 특징이 있다. 호기심과 불타는 열정이

남다르다. 건강과 돈은 필수이며 탐구심과 기본적인 지식을 갖추어야 한다. 한 가지 이상 외국어를 구사할 능력이 있어야 하며 기본적으로 국제 공용 생활영어 몇 마디는 필수다. 노년 세대는 회화의 공포와 두려움에서 벗어나야 한다. 철면피가 되어 대화가 막히면 만국 공용어 손짓, 발짓, 몸짓 표정으로 개그를 하여야 한다. 때로는 필담도 필요하다. 아무리 많은 간접 체험이라 할지언정 한두 번의 직접 체험엔 못 미친다.

체력이 왕성한 젊은 시절엔 해외여행을, 멀고 높은 곳부터 낮은 곳으로, 험지나 오지부터 편안한 곳으로 탐험하는 자세로 여행을 하여야 할 것이다. 나이 들어 기력이 쇠잔해질수록 가깝고 낮은 곳을, 노년에는 국내로 발길을 돌려야 한다.

문화예술 여행이 인기가 높다. 대문호들의 발자취를 찾는 문인들의 문학 기행, 유명 음악가들의 음악 세계를 더듬는 음악인들의 음악 기행, 유명 화가나 건축가들의 흔적을 찾아 떠나는 미술 기행, 유명 영화 촬영지를 찾아 추억을 소환하여 나르시시즘에 잠기는 여행 등 문화예술 여행이 활짝 꽃피운다.

미지의 세계를 여행하다 보면 그 나라를 대표하는 상징적인 기념품 한 점을 가져오는 것 또한 의미 있는 일이다. 세월이 흐른 뒤 그곳 여행지를 추억할 수 있는 것이면 금상첨화다. 값싼 소품이면 어떻고 값비싼 귀중품이면 어떠하랴. 여행은 신이 주신 이 세상 최고의 건강식이며 보약이다.

예기 곡례편禮記 曲禮編에 "청무성 시무형聽茂盛 視無形"이란 구절이 있다. 여행의 고수는 없는 소리를 듣고 형상이 없는 모습을 볼 줄 알아야 한다.

2022. 02. 25.

미국의 몰락

트럼프 미국 대통령이 임기를 일주일 남기고 하원에서 탄핵이 가결되었다. 불명예스럽게 임기 중 두 번째 탄핵은 초유의 일이다. 소속당 공화당 의원들도 일부 동조했고 하야를 추진하고 있다. 지난 1월 7일(현지 미 워싱턴 시간 6일)은 큰 쇼크였다. 미 국회의사당이 폭도들에 의해 단 한 시간 만에 뚫리고 세 시간 농안 점령되는 사상 최악의 사태가 발생했다. 경찰 저지선을 뚫고 의사당에 난입, 점거하고 상하 양원 합동회의에서 제46대 대통령 당선자 조 바이든의 인준을 무산시키려는 초법적 폭동이었다. 전 세계로 생중계되는 모습을 보며 영원할 것만 같았던 미국의 민주주의가 로마가 멸망할 때의 모습을 보여주는 것 같은 생각이 들어 씁쓸하기보다 경악스럽다. 지난해 11월 3일 미국 대선 결과를 불복 부인하는 트럼프 현 대통령 지지자들의 폭거였다. 경찰과 시위대 간 총격전이 벌어지고 4명의 사망자와 수십 명의 부상자가 발생했다. 미 대통령 선거 제5단계, 당선 인준 절차는 중단되고 상하 의원 538명은 피신했다. 하원의장 낸시 페로시의 컴퓨터가

절취당하고 의사당 건물 일부와 기물이 파손되었다. 급기야 워싱턴 시장은 통행 금지령을 발동하고 주 방위군을 투입시켜 폭동을 진압했다. 6시간 뒤 회의를 재개, 자정을 넘겨 인준 절차를 마쳤다. 후진국에서도 볼 수 없는 진풍경이 오늘날 최선진국 미국의 민낯이었다. 국방부 장관은 주 방위군 투입을 두 시간 동안 승인치 않아 더 큰 피해를 자초했다는 보도가 있었다. 주 방위군 지연은 대통령의 의지 없이 이루어질 수 없다. 의회가 폭도들에게 점령되는 절체절명의 국가 위기 상황이었다. 그 뒤 일부 공화당원도 폭군 대통령에게 등을 돌렸다. 우리나라 의회 민주주의의 본산, 여의도 국회의사당도 근년에 점거된 일이 있었다. 태극기부대를 앞세워 제1야당 국민의 힘 전신인 미래통합당의 합작품이었다. 이런 폭거는 우리나라가 미국보다 선진국이다.

미국은 세계 최강국이며 민주주의의 선봉 국가이다. 그럼에도 불구하고 근래 그 위상을 위협받고 있다. 그것은 국력, 즉 경제력이나 군사력 자원 등을 떠나 도덕적 해이와 생명 경시 사상, 흑백 유색 인종간 갈등, 빈부 격차의 심화, 계층 간 분열 등, 비경제적인 것들이 더 큰 문제로 대두되기 때문이다. 아울러 총기 소유가 자유롭기에 인명 존중 풍토가 경시되고 있다.

독특한 미국만의 대통령 선거 제도의 모순도 한몫한다. 다수결의 원칙이 일부 배제되는 소위 간접 선거 제도이다. 전 국민의 지지를 다수 받고도 주별로 할당된 538명의 대의원 수 확보에 뒤지면 전혀 정반대의 기현상이 나타나 혼란을 초래한다.

민주, 공화 양당 제도의 뿌리 깊은 오랜 정착과 반목이다. 백인 부유 계층이 주류인 보수적 공화당, 유색인과 중산층 중심의 진보적인 민주당이 8년 법칙에 의거 대부분 8년마다 규칙적으로 정권 교체가 이루어진다. 4년 전 도널드 트럼프는 힐러리 클린턴을 누르고 45대 미국 대통령에 당선되었다. 전체 국민의 지지율은 뒤졌으나 선거인단 득표율에 앞섰기 때문이었다. 8년 주기 법칙은 이어졌다. 최초 흑인 대통령 민주당 버락 오바마 대통령의 8년 집권이었다. 힐러리는 공화당 후보 같은 민주당 후보였다. 최초 여성 대통령과 부부 대통령의 신기록을 깨지 못하고 정계에서 사라져버리는 계기가 되었다.

오늘의 혼란은 미국인들의 잘못된 선택에 기인한다. 전 세계가 경악했던 4년 전 미 대선에서 여론 조사나 각국 언론이나 선거 전문가들은 힐러리의 당선을 확신했었다. 그러나 총득표에서 이기고도 주별 선거인단 수에서 져 낙선하였다. 뜻밖에 부동산 재벌로서 정치 초년생인 트럼프가 당선되었다. 트럼프 대통령의 기행과 돌발적인 행동으로 미국은 물론 우방과 세계 각국과 마찰과 혼란을 불러와 질서가 파괴되고 민주주의를 후퇴시켰다. 그의 자질은 최강 미국의 지도자, 세계의 지도자는 아니었다. 하류 깡패 수준인 망나니 대통령이었다. 참모들 수준도 기대에 못 미쳤다. 함량 부족인 인물들을 기용하였기에 인류 문화 경제 역사가 퇴보하였다. 리더십이 부족했기에 결과는 미국인들의 잘못된 선택에 대한 응징이었다. 세계 여러 국가와 사람들에게 큰 영향을 미쳤다.

이번 대선은 트럼프에겐 여러 부족한 정책에 대한 반전의 호기였다. 코로나 전염병만 잘 대처했었으면 재선은 그리 어려운 벽은 아니었다. 북한과의 핵 협상, 중국과의 무역 전쟁, 우방국과의 불화와 갈등, 모든 잘못되고 부족한 정책들을 커버할 수 있었다. 남들과 상대편

타국과 적대국을 포용하고 존중하며 배려해야 했는데 오만방자하고 기고만장한 못된 성품 때문에 스스로 나락으로 떨어졌다. 공화당의 타격 또한 회복하기 쉽지 않을 것이다. 그들에게도 책임이 크다. 독주를 견제 조절했어야 했는데 무슨 왕권 정치 하듯 제왕처럼 떠받들었다. 미국의 헤게모니는 중국으로 서서히 기운다. 미 선거는 8년 법칙이 깨지고 4년으로 반토막 났다.

바이든 당선자는 분열된 국민의 통합과 코로나-19 퇴치, 경제력 회복 등 산적한 문제가 임기 내내 큰 짐이 될 것이다. 세계 유일한 민족 분단국 나의 조국 대한민국은 남북으로 분단되어 서로 으르렁거리고 있어서 통일 조국의 길은 멀기만 하다. 미국과 중국 일본 러시아 등 강대국의 눈치 보며 국정을 운영하는 소국 대한민국 국민이란 게 서글프다.

새로운 시대를 맞아 어긋난 남북 관계 개선과 우방국과 관계를 돈독히 하여 한반도 평화를 진작시키고 민족 통일의 불씨를 지피는 영광된 한 해가 되기를 기원한다. 남북통일의 길이 왜 이리 멀고 험난할까?

2021. 01. 21.

신과 기적은 있을까

엊그제 역사 문화의 보고 튀르키예, 옛 터키에서 대지진이 일어났다. 워낙 큰 재앙이라 아직도 완전 수습이 안 되고 있는 현재 진행형이다. 오랫동안 내전에 시달리던 이웃 시리아도 엄청난 피해를 입었다 전한다. 세계 지질학회의 보고에 의하면 사상자가 20만(사망 5만, 부상 15만) 이상으로 추정했다. 웬만한 도시 하나가 한순간 사라지는 금세기 최대 참변이다. 지구는 인간에 의해 여러 곳에서 몸살을 앓으며 힘겨워하고 있다. 수년 전 인도네시아 화산 대폭발, 10여 년 전 일본 동쪽 태평양 해저 지진으로 인한 쓰나미, 기상 변화로 인한 남북극 빙하의 붕괴, 해수면의 상승, 대홍수, 국지적 폭설, 대형 산불, 상상을 초월하는 태풍과 허리케인 등, 자연 기상 이변은 분명 원초적인 재해다. 인간이 저지른 수많은 전쟁이나, 원자 폭탄, 뉴욕 무역센터 여객기 자폭 사건보다 훨씬 큰 피해를 주고 있다. 진화된 영상(映像) 덕분에 지구촌 구석구석 재난 현장을 생생히 보면서 안타까워한다. 이번 대지진 현장의 참혹한 장면들을 보면서 신의 존재를 의심하기도 했다.

학자들은 금세기 1m 해수면 상승을 예고했었다. 남태평양의 작은 섬나라 투발루와 인근 대부분의 낮은 해양국과, 인도양의 아름다운 몰디브도 침몰되어 사라진다고 한다. 충격적인 것은 베네치아 등 해안 수상 도시들과 뉴욕의 유명한 자유의 여신상, 호주 시드니의 오페라하우스, 쿠바의 수도 아바나도 대부분 침수된다고 경고하고 있다. 지구촌 이곳저곳에서 침수 현상이 일어나고 있다. 우리나라 저지대 해안가 역시 안전치 않으며 침수될 곳이 많이 있다 전한다. 전 세계 인구 1억 이상이 침수 피해를 본다는 통계다. 기온이 3도 상승하면 대부분 생태계가 파괴되어 지구의 종말이 올 것이라며 걱정하는 학자들이 대부분이다.

금세기에 가장 염려되는 큰 재앙은 지진과 화산 폭발 지구 온난화이다. 지진의 피해 또한 심각하다. 튀르키예는 인도네시아와 같이 지진 다발 지역이다. 지질학자들은 10년 주기의 튀르키예 대지진 다음 진앙지로 이스탄불을 꼽는다. 찬란하고 화려했던 페르시아 문명과 이슬람 문명, 기독교 문명이 혼재한 콘스탄티노플, 세계 최고의 문화 유적의 안전이 걱정된다.

세계 곳곳에서 화산 폭발은 계속되고 있다. 폼페이를 한순간에 삼켜버린 베수비오 화산 대폭발, 해동성국 발해를 흔적도 없이 사라지게 한 백두산 화산 폭발, 불행하게도 천년이 지난 이때 백두산 화산 대폭발의 징후가 오래전부터 감지되고 있다니 절망뿐이다.

근래 코로나 팬데믹 현상으로 지구촌이 몸살을 앓고 있다. 전 세계 온 국민이 방역에 혼신을 다해 힘겹게 싸워 온 지 3년째다. 중세기 유럽을 휩쓴 흑사병과 콜레라를 연상시킨다. 온 세계인은 사활을 걸고 코로나에서 벗어나려 노력하고 있으나 별 효과를 거두지 못하고 있다. 코로나 질병에 대처하듯 철두철미, 지구 온난화 예방에 철저히 대처한다면 지구의 종말을 걱정하지 않아도 되련만 세계 각국의 이해관계가 얽히고설켜 현실은 그렇게 녹녹치 않다.

세계 각국은 녹색 정책에 너무 무디게 대처한다. 선후진국 가릴 것 없이 국가 중요 정책으로 긴급 시행하여야 한다. 특히 위정자들의 의식 전환이 절대 필요하다. 온 세계인이 각고의 노력을 오랜 기간 동안 하여야 할 것이다. 코로나19처럼 코앞에 닥쳐야 정신 차릴까. 탈 탄소 정책 추진이 너무 느리고 무뎌 답답하다.

스웨덴 소녀 튠베리의 환경 운동은 절박하다. 인류가 자연 속에서 공존하려면 현재의 자연 상태를 온전히 보전하는 것이다. 인간과 지구에 큰 재앙을 입히는 원자력 발전과 화력 발전을 지양하고 자연 친화적인 태양광과 풍력 발전이나 수력 발전으로의 전환이 시급하다. 쾌적한 자연환경 속에서 언제 어디서나 지낼 수 있는 인간 삶의 질 향상이 우선이다.

아메리카 인디언들의 연설문집 「나는 왜 너 가 아니고 나인가」에 수록된 '대지(자연)는 조상에게 물려받은 것이 아니라 후손에게 잠시 빌려 쓰는 것이다'라는 말이 절절하게 가슴을 때린다.

지진으로 건물들이 순식간에 망가져 사라지는 생명들의 생생한 장면들을 보니 숨이 막힌다. 사고 현장은 아비규환, 말 그대로 지옥이다. 우리는 이제 한국 전쟁 때 큰 도움을 받았던 터키에게 보답할 때다. 여기저기서 이재민을 돕기 위한 따뜻한 온정의 손길이 불처럼 활활 타오른다. 지금 우리가 그들을 보살피고 도울 때다. 콘크리트 담벽 틈새에서 민들레 꽃피우고 천애 절벽 바위틈에서 소나무 푸른 것처럼, 가끔 기적은 일어나는 것 같다.

이웃 시리아에선 대지진이 일어나 사흘이 지났는데 그 속에서 귀중한 생명이 태어나 톱뉴스로 세계인의 이목을 집중시켰다. 생명의 씨앗인 한 아이가 탯줄도 끊기지 않은 채 엄마의 숭고한 죽음을 딛고 태어난 것이다. 이런 것을 기적이라 할 것이다. 시리아 지진 참사 수습현장 모습이 전 세계에 생생히 중계되었다. 각국에서 입양하여 잘 키우겠다는 따뜻한 뉴스가 넘쳐 가슴 벅차다. 비참한 절망 속에서 한줄기 숭고한 희망의 인간애를 본다.

나무도 수명을 다하면 고사목이 되고 새 생명이 태어난다. 죽는 사람이 있는가 하면 태어나는 사람이 있다. 옛 찬란한 문명국들도 멸망하고 새로운 나라가 세계를 지배하고 선도한다. 흥망성쇠 영고성쇠다. 생과 사가 반복되며 역사는 이루어진다. 신과 기적은 없는 듯하면서도 있는 것 같다.

2022. 02. 28.

전주全州 = 청주淸州

우리나라에는 주(州)로 끝나는 도시나 고을이 유독 많다. 문명과 문화의 원시, 이웃 중국의 영향을 많이 받은 것으로 짐작된다. 대표적인 도시가 전라도 명칭의 태동인 전주와 나주(全州, 羅州), 충청도 역시 충주와 청주(忠州, 淸州), 경상도 이름의 근본 경주와 상주(慶州, 尙州)다. 그 외 전북 완주(完州), 전남 광주(光州), 제주도 제주(濟州)가 있다. 경기도에는 광주, 양주, 파주(廣州 楊州 坡州)가 있으며, 충남엔 공주(公州), 강원도엔 원주, 명주(原州 溟州), 경북에 영주(榮州), 경남엔 진주와 울주(晉州 蔚州)가 있다. 북한에도 해주, 정주, 삭주, 길주(海州 定州 朔州 吉州) 등 참으로 많다.

그중 문화 찬란했던 고도는 단연 경주와 전주다. 그곳은 역사 문화의 보고일뿐만 아니라 대한민국을 대표하는 역사 문화 관광지이며 또한 살아있는 박물관이다. 요즘 가파르게 뜨고 있는 고을로 충북의 청주가 있다. 옛날에는 조그만 고을이었으나 지금은 충청북도의 행정 문화 경제의 중심지다. 충청도를 부를 때도 이웃 충주를 앞세웠었다.

그러나 앞으로는 '청충도'라 불러도 무방할 것 같다.

지난달 초, 전북 PEN과 충북 PEN이 공동주최하는 제2회 지역 문학 예술 교류 행사가 청주에서 있었다. 물론 제1회 교류대회는 지난해 전주에서 개최되었었다. 아침밥도 거른 채 안개 자욱한 백이십 리 새벽길을 전주로 달려가 일행들과 만나 청주로 향했다. 청주 문화제조창, 색다른 이름에 호기심이 커졌다. 청주시 한복판에 자리 잡은 종합예술 문화의 센터, 옛 이름은 청주 연초제조창. 해방 이듬해 건축되어 번성을 누리다 연초煙草 산업이 사양길을 걷던 새천년까지 이름표를 달고 있었다. 연초 제조창-담배 만드는 공장, 그 넓고 크고 높은 부지와 건물을 리모델링 하여 지금의 복합 문화 예술 공간으로 화려한 탈바꿈을 하였다. 놀랍고 화려한 혁명적인 발상과 변신이다. 국립현대 미술관, 대형 서점, 공예관, 비엔날레 전시관, 회의실, 공연장, 식당, 카페 등 모든 시설들의 규모가 크다. 각종 체육 시설과 드넓은 야외 정원을 둘러보면서 기쁨과 경악으로 가슴 벅찼으나 한편으론 부아가 치밀어 분노와 슬픔이 앞섰다.

전주에는 문화 제조창이 없는 대신, 팔복문화예술공장과 이웃 완주군 삼례읍에 삼례복합문화예술촌이 있다. 다 아픈 과거의 상처를 안고 일어선 문화 예술 공간이다. 폐쇄된 팔복동 몇몇 작은 공장에 문화 예술 창작기지로 만들었다. 일제 강점기 호남평야의 질 좋은 쌀과 각종 곡물 수탈의 전초기지였던 거대한 창고, 농협창고로 변신한 곡물 창고를 완주군이 사들여 복합 문화 예술 공간으로 다시 태어나게 했다.

전주와 청주는 여러모로 닮은 점이 많다. 청주는 직지 금속 활자의 탄생지이고 전주는 완판본 목판 활자의 고장이다. 고급 한지 생산으로 발전된 인쇄술과 출판 산업을 이끌었었다. 반세기 전까지만 해도 충북과 청주는 전북과 전주에 비교할 수 없었다. 충북은 바다가 없는 유일한 지방자치단체였고, 인구 경제 산업 교육 등 전북과 전주가 월등했었다. 그러나 지금의 현실은 도세道勢, 인구 경제 문화예술 등 모든 게 엇비슷하다. 아니 전북과 전주시는 충북과 청주시에 추월당하고 있는 게 맞는 말일 것이다.

전주 도심에도 연초 제조창, 담배 공장이 있었다. 청주 연초 제조창은 복합 문화 예술 공간으로 변신했는데 전주는 고급 아파트 단지와 중앙시장 주차장으로 변신했다. 청주와 전주의 차이다. 청주시는 우여곡절 끝에 주변 청원군과 통합하여 더 큰 도시로 도약했다. 통합의 대가로 정부 특별 지원금 수천억을 받아 문화 예술 등 다방면에 투자하여 화려한 발전을 했다. 전주도 비슷한 여건이었지만 실패한 후발 주자다. 전주시를 에워싸고 있는 완주군과 통합을 여러 차례 시도되었으나 실패하고 아직도 제자리걸음이다. 얼간이 지역구 정치꾼들의 사리사욕에 의하여 지역의 발전과 진화를 방해했고 지역민에게 폐를 끼쳤다. 그들은 큰 죄를 지은 대역죄인들이다. 거기에 부화뇌동한 단체와 무리도 면죄부를 받을 수 없다. 나쁜 사람들이다. 확정되어 건설 중이던 전북지역 공항도 지역 간 분쟁으로 물거품이 되었다. 그러나 청주 공항은 국제공항이 되었고 성업 중이다. 김제 공항 건설 계획이 백지화되고 이제야 새만금 공항을 개설하려니 하세월이다. 새만금 개발이 35년 동안 제자리걸음 하듯 전북권 공항도 20년이 흘렀다.

1960년대 전주는 문화, 예술, 교육, 맛과 멋의 고장으로 이름깨나 팔렸었다. 인구는 25만으로 전국 6대 도시였다. 환갑이 훌쩍 지난 지금 3배에도 못 미친 인구 65만으로 전국 17위권이다. 청주는 어떠한가? 청원군과 통합하여 85만으로 9배 가까이 증가하여 14위로 전주를 앞질렀다.

다 같은 백제 땅을 근원으로 한 지역이지만 확연히 다른 게 있다. 정치적으로 충청도는 보수적이고 중립적이다. 그에 반해 전라도는 진보적이고 극단적이다.

돌아오는 길, 버스 차창으로 스치는 무심천을 보며 전주는 과거를 추억하는 도시가 되었고, 청주는 미래를 꿈꾸는 도시가 되었음을 깨달았다. 전주와 청주는 문화 예술의 도시로 거듭나 창조와 진화를 거듭하고 상생하면서 영원하기를 기도했다. '화양백리花香百里, 주향천리酒香千里, 인향만리人香萬里' 글귀가 떠오른다. 덧붙여 '예향 영원藝香永遠'이란 문자를 가슴에 되새긴다.

2023. 07. 23.

신천지新天地

신천지! 이 얼마나 가슴 설레는 말이냐? 새로운 하늘과 땅, 새로운 세상, 지상 낙원, 천국, 파라다이스, 유토피아, 무릉도원을 말한다. 착하고 선한 사람들이 사는 가장 안락하고 평화롭고 공정하며 정의롭고 아름다운 행복이 넘치는 세상, 이상향을 꿈꾼다.

요즘 신천지 교회와 그 신도들로 인해 온 세상이 몹시 시끄럽다. 근래에 인식한 생소한 이단異端 기독교 종교 집단이라는 것을 알았다. 코로나 바이러스19로 인하여 국내외적으로, 아니 세계적으로 최단기간에 최고의 유명세를 탄 기독교계 교파이다.

신천지는 불법 천지, 무법천지, 거짓 천지, 엉망진창, 실낙원, 지옥, 아수라장이며 세계 최고의 사기꾼 집단으로 오명을 남기게 되었다. 소리꾼, 춤꾼, 장사꾼, 낚시꾼 등 원래 꾼이라면 흔히 어떤 일의 최고 고수, 아주 잘하고 즐기는 전문가를 말한다. 또한 사기꾼, 노름꾼, 난봉꾼, 협잡꾼 등 비도덕적 비윤리적인 전문적인 용어로도 흔히 쓰인다.

사이비 종교를 살펴보면 유독 기독교에서 많이 유래하여 생성과 소멸을 했다.

한 세대 전 이웃 일본 도쿄 지하철에서 살인 가스인 사린을 뿌려 수많은 사람들을 죽음으로 이끌어 공포의 세계로 만들었던 오옴진리교 교주 이시하라 쇼코가 생생하다.

신앙촌으로 유명세를 떨쳤던 천부교 교주 박 TS, 통일교 창시자 문 SM, 대순진리교 박 HG, 세월호 참극과 오대양 세모 사건을 부른 기독교복음 침례교 유 BE, 지적 장애 신도를 성폭행한 성범죄자 만민중앙교회 목사 이 JR, 주임대표 목사 세습으로 물의를 일으킨 명성교회 김 SH, 종교를 부의 축적 수단으로 삼고 기업화한 여의도 순복음제일교회 조 YG, 말도 안 되는 궤변을 일삼으며 범정부 투쟁 본부를 이끌며 정치권에 빌붙어 나라를 망치는 사랑제일교회 전 GH, 그 사기꾼 입에 놀아나는 사이비 정치꾼 황 GA, 김 MS, 김 JT, 권 SD 등 수많은 그들의 졸개들, 한심하고 기가 차 말문이 막힌다. 이번에는 〈신천지 예수교 증거 장막 성전〉 이 MH라는 천하의 사기꾼에 놀아난 30여만 종교인 집단의 쇼 아닌 사기극을 보며 통탄보다 비애를 느낀다. 신神도 속이고, 국민을 속이고, 신도信徒마저 속이고 정의롭지 못하고 비굴하게 숨어 그림자마저도 보이지 않는다. 착하고 무지한 여린 국민을 꾀여 교도로 만들고 전지전능하신 신의 이름으로 맹신케 하였다. 지금이 어느 시대인데 뭇 국민은 꼬임에 속아 사교를 믿게 되는 게 아이러니다. 신이시여 기독교인이 제일 많은 이 나라는 앞으로 어디로 가려는 겁니까? 엄중히 심판하여 종교의 질서를 확립, 진정한 신앙의 길로 인도하여 주길 바란다. 또다시 필연적인 제2차 종교 개혁이 절실히 필요한 때인 것 같다.

'쿠오바디스 도미네!'

2020. 03. 01.

테이블 마운틴(Table Mountain)

누가 뭐라 해도 케이프타운의 심장은 테이블 마운틴이다. 케이프타운의 주산으로 테이블처럼 상단부가 평평하여 생긴 이름이다. 시가지 어디서나 볼 수 있으며 그리 높은 것 같지 않아도 1,085m나 된다. 산 위에선 아름다운 시가지와 대서양을 조망할 수 있다. 하이킹 코스를 걸어서 오르기도 하지만 중간 지점에서 360도 회전식 케이블카로 오르기도 한다. 산 전체는 커다란 하나의 바윗덩이, 암석으로 형성된 산이다. 상단 부는 약 1km의 폭에 길이는 3km나 되는 엄청난 넓이다. 명승 절경이다. 하이킹 코스를 걸으며 여러 곳을 관망한다. 워터프런트, 월드컵 경기장, 보캅 지구, 로빈 섬, 아기자기 아름다운 해안가 마을과 유원지, 천연 전망대다. 오르기 험난하여 멸종 희귀종을 포함 1,500여 종이 서식하는 식물원이라고 알려준다. 제주도와 같이 보호하여야 할 세계 7대 자연 경관으로 등재되어 있다. 내 생애 이렇게 크고 넓은 평평한 바위산은 처음 본다. 정상에 조성해 놓은 케이프타운과 테이블 마운틴의 입체 청동 모형도를 보며 이해를 돕는다. 일기가 변화무쌍하다. 하루에도 몇 차례씩 안개와 구름에 가리기도 하고 비바람에 휩싸이기도 한단다. 대서양과 인도양의 해류와 해풍이 테이블 마운틴에 부딪쳐 일어나는 현상이란다. 몇 장의 기록을 남기고 카페에서 대륙의 끝 황혼을 기다리고 있다. 갑자기 광풍과 함께 세찬 비바람이 친다. 하산 시간이 가까워지니 관광객들이 케이블카 탑승실로 몰려간다. 좀 늦더라도 일몰의 환상적 광경을 보고 싶었다. 광풍이 바람에 실려 대서양으로 사라진다. 잠시 비바람이 그치고 저녁노을이 한 뼘 정도 남았다. 카메라를 들고 서쪽 절벽에 선다. 불타는 황혼은 아니나 찰나의 순간 몇 컷을 담았다. 이만이라도 다행이라 가슴을 쓸어내린다.

발아래 멀리 인종 차별과 민주화의 화신, 넬슨 만델라가 반평생 동안 유배됐던 로빈 섬이 파도에 반짝인다. 끝없는 탈출을 시도하던 영화 '빠삐용'이 스친다. 자신을 희생하며 얼마나 곤고한 삶을 살아 흑인들과 부족, 조국의 해방을 이룬 위대한 평화 정신에 경건히 존경을 표한다.

시가의 심장부, 시청과 행정관서가 있는 지역, 옛 네덜란드 동인도회사와 방어 진지 성루에 대포가 옛 그대로 설치되어 있다. 1800년대 건물과 고층 신형 건물이 대조적이다. 스카이웨이와 제법 분망히 오고 가는 도심의 자동차 흐름, 유럽의 한 도시로 착각이 든다.

마을이 아름다운 색으로 단장된 보캅 지역을 관광한다. 아프리카 원색의 다양한 파스텔 톤 집들이 모여 있는 동네다. 칠레의 발파라이소 같으면서 아르헨티나 부에이노스아이레스의 보카지구가 연상된다. 케이프 말레이라 부른다. 네덜란드인들에게 노예로 잡혀 온 말레이, 인도네시아, 인도, 발리 등 동남아시아 인들이 먼 이국에서 부두 노동자로 고단한 삶을 살아가며 그들만의 문화를 이뤄낸, 그들만의 작은 공간이다. 유색 인종 차별이 극심했던 남아공, 만델라가 인종차별 정책(아파르트헤이트)을 철폐한 뒤 자유의 개념인 노랑, 파랑, 분홍색들로 원색의 집을 페인팅 했다. 컬러풀한 아름다운 마을로 변신했으며 옆집과 이웃의 집 색깔은 다르다. 정부 보조 아래 보존 관리되며 문화유산으로 등록되어 있단다. 집주인 마음대로 주택에 도색을 할 수 없고 정부의 지시와 방침에 따라야 한다.

컨스탠시아 와이너리를 방문했다. 이곳은 케이프타운 교외, 컨스탠시아 계곡에 있는 풍광 좋은 포도 농장으로 이 나라 와인 산업을 이끌고 있단다. 1685년부터 와인을 생산했다 하며 전시장에는 유명 화가들의 그림이 전시된 미술관이 있다. 그림 판매도 하고 있었다. 그림들은 내 취향과는 거리가 있었다. 정문에 조성된 컨테이너 박스 만한 와인 오크통이 인상적이다.

몇 아름되는 굴참나무가 죽 늘어선 융커셔 레스토랑, 나무 밑 그늘에서 내리쬐는 남국의 햇볕을 피하며 와인을 곁들여 양고기 브런치를 즐긴다. 끝없이 펼쳐진 포도원의 색깔이 싱그럽다. 인도양이 보이고 전망이 좋다. 참나무 아래 호두 알만한 굴밤(도토리)이 떨어져 있다. 줍지 않아 즐비하다. 이곳은 도토리묵을 모르나 보다. 하도 튼실하고 윤기가 나 세 알을 주워 가방에 넣었다. 귀국하여 발아시켜 내 초막 대일원에 심어 키우고 싶었다.

사자 엉덩이라 불리는 케이프타운의 랜드 마크, 시그널 힐에 올랐다. 사자의 머리와 연결된 이곳의 높이는 350m이다. 대서양과 월드컵 경기장 등 대서양이 멋스럽게 보인다. 석양과 야경이 장관이다. 주변은 잘 가꿔진 화원이다. 데이트족과 아베크족이 많고 부촌이라 그런지 청결하다.

유럽인들이 처음 만든 항구, 지중해 냄새가 풍기는 워터프런트, 도시에서 가장 번화한 상업지구이다. 테이블 마운틴을 배경으로 정박해 있는 수많은 무역선과 요트, 산중 사람인 나에겐 생경한 편이다. 오래전 뉴질랜드 오클랜드 항구에 정박해 빛나던 하얀 요트들의 신선했던 충격이 떠오른다. 문화 시설, 거리의 악사, 개인 장기 공연하는 사람, 다양한 레저 시설, 쇼핑가, 식당가 등 복합 테마파크다. 곳곳에 포토존이 많다. 넬슨 만델라를 비롯한 노벨상 수상자들 동상도 있다. 거리 공연하는 팀들의 노래와 연주 춤을 보면서 망중한을 즐긴다. 구 항만 건물과 세관 해양박물관 보세창고를 두루 살피며 김 교수와 서로 사진을 찍어주며 조금 더 가까워졌다.

워터프론트의 대표적인 레스토랑 키포에서 만찬을 하며 수 세기 전으로 시간 여행을 한다. 인도양과 대서양이 원산지인 여러 해산물과 아프리카 스테이크가 주메뉴다. 와인이나 칵테일을 곁들여 입맛을 돋운다. 버스로 야간 시티 파노라마 관광을 한다. 전기가 풍부한지 야간 조명이 화려한 편이다. 오늘 밤이 이번 아프리카 여행의 마지막 밤이다. 상징적인 기념품 한 점을 사 짐을 챙긴다.

넬슨 만델라의 고초와 인내심, 자유와 평화, 인간의 삶과 인생, 흑백의 상생과 이상의 차이, 여러 가지 상념이 머릿속과 가슴을 휘저어 혼란스럽고 아프다. 무거운 숙제를 안고 이곳을 떠난다.

2017. 04. 20.

산토리니(Santorini)

도시락을 챙겨 산토리니섬으로 간다. 출항하는 고속 페리에 승선하기 위해 피레우스항으로 떠난다. 버스 기사가 페리 선착장을 못 찾아 헤맨다. 웃기는 난센스다. 이른 새벽인데, 이 업무에 종사한지 얼마 되지 않았단다.

7시에 출항, 페리 식당에서 도시락으로 아침을 먹었다. 큰 바다에 나오니 롤링이 심해 뱃멀미를 하는 일행이 많다. 사진 촬영을 위해 갑판을 오르내렸다. 다섯 시간 반 만에 눈부신 산토리니섬 아치니오스항에 기항했다. 붉은 화산 암석으로 푸석푸석한 지그재그길, 내려오는 자동차를 비켜 가며 상단부로 오른다. 정상은 해수면과 250여m 정도 될 것 같다. 시장이 반찬, 한 시를 넘겨 이곳 특식 돌마데스와무사까(양고기 정식)로 허기를 채웠다. 식사 때마다 혼자라 여러모로 불편하다. 이번 패키지는 가족과 부부 친구들로 구성되어 있다. 솔로는 부산에서 온 유 튜브 운영자 미시즈 박과 나뿐이다. 언제나 가족 간 지역 간 자리를 잡는다. 여행을 많이 안 해본 분들이라 그럴까 배려가 부족한 편이다. 오랫동안 여행을 한 E 사장의 에티켓과 재치 있는 매너로 불편을 조금씩 덜었다. 부모와 딸 두 팀, 한 팀은 국제결혼을 하여 런던에서 살고 있는 딸이 아테네에서 합류했다. 부부간 세 팀, 모녀간 두 팀, 세 여자 한 팀, 남녀 비율은 6:15, 수도권 13, 부산 6, 지방은 전북 나 홀로다. 연령은 20대에서 70대까지 분포되어 있다. 내가 두 번째 고령자다. 일부 일행은 나를 꼰대라 하겠지. 그러나 또 다른 사람들은 나 홀로 여행하는 70대 중반 노인을 존경한다며 부러워하기도 했다.

산토리니섬은 아테네에서 직선거리로 200여km에 있는 작은 섬이다. 지중해의 동북쪽 바다 그리스와 튀르키예(터키) 가운데에 자리한 에게해, 아테네와 크레타섬 중간쯤에 있다. 화산섬으로 75제곱km이며 상주인구는 1만 명 남짓. 우리나라 돌산도나 울릉도와 비슷한 면적이다. 내륙의 큰 면面만한 넓이다. 서쪽은 높은 화산지대이나 동편은 완만한 구릉지로 목축과 농작물 경작을 한다. 국내선 비행장도 있다. 아테네 국제공항까지 40여 분, 광주에서 제주도 가는 거리다. 네 개의 섬으로 이루어져 있고 본섬을 포함 유인도 두 개와 화산인 무인도 두 개다. 본섬을 제외한 세 섬은 자그마하다. 섬의 주도 피레마을 우리네의 면 소재지 정도다. 동화 속 요정들이 사는 마을 같다. 온통 만년설이 쌓인 히말라야산맥처럼 온통 하얗다. 절벽 위에 위태롭게 서 있는 수많은 카페와 레스토랑, 각종 TV에서 소개된 풍경보다 훨씬 로맨틱하고 호화롭다. 쾌청한 날씨와 햇빛과 바다색 구름 탓이다. 섬이라 유난히 도로 폭이 좁다. 버스가 커브를 돌거나 교차할 때는 아슬아슬하다. 언덕진 좁은 길을 오르내리며 산토리니 로맨틱 빌리지에서 잠시 휴식을 취한다. 케이블카를 타고 옛 항구까지 오르내렸다. 옛날에는 무거운 짐을 말과 노새 사람들이 수직에 가까운 절벽 길을 지그재그로 오르내렸다고 한다. 해발 260m, 500여 개의 계단을 걸어 오르는 여행객도 제법 많이 눈에 띈다. 비좁은 골목 언덕 위에 이 섬의 유일한 가톨릭 성당의 첨탑이 오후의 햇살을 받으며 반짝인다.

지중해의 발코니라 별명이 붙은 이메로비글리마을에서 보는 풍광은 단연 압권이다.

기다란 섬 북쪽 끝 서편 절벽 위에 자리한 석양의 풍경이 일품이라는 이아마을로 갔다. 동쪽 해변 도로를 따라 오른다. 푸석푸석한 화산재 언덕엔 말이 풀을 뜯고, 우리네 제주도 돌담처럼 현무암(화산암)으로 돌담을 쌓아 경계를 이룬 농경지에는 꽈리 틀은 포도원이 제법 넓다. 지중해성 기후 탓으로 포도의 당도가 높아 일찍부터 와인산업을 주 농업으로 발전시켰다 한다. 우리나라보다 계절이 약 보름 빠른 것 같다. 화려하지 않고 소박한 수많은 야생화들이 벌을 불러 봄 파티중이다. 꿀은 이곳 특산품이란다. 언덕을 오르니 외양목보다 더 흰 마을의 집들이 우리를 맞는다. 비탈지고 구부러진 좁은 골목길, 어느 곳이나 모두 다 포토 포인트다. 무질서하고 난잡한 주택들의 모습은 분명 사이렌의 요정이다. 또 다른 세계, 아기자기한 건물 아래 섬에 둘러싸인 호수처럼 고요한 바다, 그 위에 떠 있는 커다란 크루즈선도 그저 조그만 나뭇잎이다. 섬들 위에 떠 있는 뭉게구름은 우리나라 한여름 소나기 지나고 솜이불처럼 솟아오르는 모양새와 흡사하다. 이곳 구름도 참 멋있다. 오후의 햇살을 받은 바다의 파동, 반짝이는 은물결에 눈이 시리도록 부시다.

여기저기 사진 찍으며 헤매다 보니 목마르다. 진남색 바다와 섬들이 내려다보이고 뭉게구름이 눈높이에 맴도는, 이아마을 제일 전망 좋은 카페에서 아이스 맥주잔을 기울인다. 나른하나 비록 이 순간만큼은 평안하고 행복하다. 교회의 종소리가 울린다. 괜스레 숙연해진다.

산토리니섬은 기원전 16세기 엄청난 화산 폭발로 지금의 모습이 되었단다. 그동안의 화려했던 문명도 폼페이의 몰락처럼 일부는 바다속으로 사라졌고 화산재에 묻혀버렸다.

청동기 시대의 유적 '아크로티라'가 고스란히 남아있다. 폼페이나 진나라 시왕의 무덤 발굴처럼 현재 진행형이다. 그 옆에 자리한 산토리니 레드비치가 이국적이다. 카마리 검은 모래 해변은 적막하다. 파도소리만 검은 모래를 밀고 당긴다. 젊은 날 여수, 만성리 검은 모래 해수욕장 추억이 아른댄다. 수직의 높은 절벽 위 수도원이 외롭다. 수도자는 철저히 고독해야만 구도의 길을 찾고 득도하여 성불하는 걸까.

주신酒神 디오니소스의 은혜로운 선물 산토리니 쿠소안노폴리스 와인 박물관을 살펴보고 시음도 했다. 이 작은 섬에는 작지만, 박물관이 세 개나 있다. 분명 세계 최고의 문명국답다.

선셋크루즈, 오후 새때쯤 요트를 타고 섬 주변 명소를 찾아 네 시간쯤 쉬며 가며 항해를 한다. 상상외의 거센 바람이 일고 물결이 튄다. 와인으로 추위를 달랜다. 화산섬 근처 해수 온천이 있는데 수온은 22도 안팎, 수영복을 준비했으나 엄두도 못 낸다. 물 좋아하는 미국인들은 바닷속에 뛰어든다. 지방질이 발달하여 덩치 큰 서양인들도 곧바로 물 밖으로 나와 사시나무 떨듯 떤다. 아직은 수영할 시기가 아닌가보다. 해수면에서 올려다보는 피레마을 이아마을이 참 예쁘다. 건너

편 토니아 섬 선착장에서 테라시아마을을 오르는 지그재그 길이 아스라이 신화 속 오솔길 같이 멀다.

노을이 붉다. 요트는 서서히 일몰에 맞춰 노을속으로 항해한다. 선택 관광 몇 팀이 빠지더니 결국 전원이 참가했다. 185유로, 환율로 27만 원 정도 만만찮은 비용이다. 젊은이들은 이국의 일몰을 배경으로 추억 남기기 사진 찍기에 바쁘다. 오늘은 내 집 산마루 석양과 서해안 변산반도 노을보다 덜 신비롭다. 그래도 사진 몇 장을 남긴다. 아침 일출도 볼만하다. 호텔 옥상에 올라 몇 장 찍었으나 별로다. 바람이 드세다. 8도라 하는데 체감 온도는 영하 같다. 추위에 강한 편이지만 감기 걸릴까 봐 나이를 생각해 파카를 꺼내 입었다.

2박2일 산토리니의 추억을 가슴에 담고 본토로 떠난다. 갈 때는 국내선 중형 여객기를 이용했다. 아침 일찍 비행 탑승을 위해 호텔에서 약식 아침을 먹었다. 계류장엔 경비행기 세스나 한 대와 보잉 737 한 대가 외롭게 비행장을 지킨다. 이륙하자마자 아침 햇살에 빛나는 섬 섬 섬 흐르는 구름과 에게해 물빛과 함께 무척 신비롭다. 몽환적이다. 촬영을 위해 창측 자리를 티켓팅한 보람이 있다. 멋진 풍광을 폰 카메라에 담았다. 비행기 차창으로 본 섬 주변은 에게해 남색 물빛과 반짝이는 윤슬이 어우러진 풍경은 절경이었다. 공항을 빠져나왔는데 E 사장이 비행기 좌석에 여권을 놓고 내려 한바탕 해프닝이 있었다. 다행히 곧바로 회수할 수 있었다.

2023. 04. 30.

디아스포라를 넘어 통일의 길로

디아스포라(Diaspora)란 고대 그리스어로 '~ ~너머'와 '씨를 뿌리다.'의 합성어다. 본래 뜻은 팔레스타인을 떠나 세계 각지에 흩어져 살며 유대교의 규범과 생활 관습을 유지하며 살던 유대인들을 말한다. 그 뒤 그 의미가 확장되어 '본국(토)을 떠나 타국에서 자신들의 고유한 규범과 관습을 유지하며 살아가는 공동체 집단이나 그들의 거주지'를 말한다.

염천의 8월 중순, 2주에 걸쳐 〈한겨레 통일문화재단〉이 주관한 중앙아시아 3개국의 역사, 평화, 문화 기행을 다녀왔다.

둘째 날, 조선족 고려인의 아픈 상처가 깊이 서린 중앙아시아 카자흐스탄이 첫 방문국이었다. 카자흐스탄 제일의 도시며 옛 수도 알마티, 제일 크고 고급스러운 한식당에서 독립 유공자 후손인 청년단원들을 초청, 진지하고 엄숙한 친교의 만찬이 있었다. 재 카자흐스탄 조선 독립 유공자 청년단 단장을 맞고 있는 독립 운동가 계봉우의 증손녀 계이리나(39)를 비롯하여, 계봉우의 외고손녀 계이리나의 딸 노알리사(10), 독립운동가 김경천 지사의 증손녀 제게노바 아냐(21) 허우마(19) 허예바(15), 민긍호 투사의 증손녀 민안나(19) 외증손녀 김알리사(23), 차이 그레고리 니콜라예비치의 증손자 치과의사인 김다비드(28) 등 8명이었다. 단장을 제외하곤 모국어엔 서툴고 어설프나, 카자흐스탄 어는 물론 러시아어 영어에 능란했다. 특히 제계노바 아냐의 영어 실력은 유창하였다. 이주민 3세대까지는 모국어에 능통했으나 지금은 가르치는 학교도 없고 3세대가 대부분 세상을 등지셨기에 조선어가 사라져가고 있단다. 한국어를 배울 수 있는 기관과 시설, 제도가 없어 안타깝다고 호소했다. 슬프게도 고국의 어떤 조치가 없으면 한국어는 카자흐스탄에서 곧 영영 사라질 것으로 전망했다. 지금 4세대 조선족은 모국어를 할 줄 모른다.

담화 중 여러 답변하기 곤란한 질문들이 있었다. 지금이야 한류 덕분에 남한이 북한과 같은 대우를 받지만 몇 년 전만 해도 북한이 더 가까웠고 호감이 갔다고 했다. 우문현답 중 하나, "남북한이 축구 경기 중이라면 어느 쪽을 응원하겠느냐?"는 질문엔 노코멘트로 웃어넘긴다. 얼마 전까지 러시아이었고 북한과 러시아는 동맹국이었으니 추측건대 북한에 더 우호적일 것 같았다. 지금은 외교 관계로 북한 대사관과 영사관이 폐쇄돼 북한보다 남한과 더 활발하고 밀접한 교류가 이뤄지고 있다.

동행자들과 첫 미팅을 했다. 탐방단 32명과 문화재단 J 소장, BK 여행사 P 대표, 수행 가이드 C 등 35명의 소대小隊 규모다. 남녀 비율은 20:13, 험난하고 열악한 지역이라 그러할 것이다. 평균 연령 50대 일성 싶고 20대 초반 대학생부터 미국과 한국 이중 국적을 가진 80대의 초반 부부도 참여한 다양한 연령대다. 내 나이대 70대 중반 이상 다섯 명, 전체 서열 다섯 번째다. 70대 4명은 도진개진이다. 지역별로 살펴보니 서울 경기 등 수도권이 압도적인 21명, 약 2/3다. 그다음 나를 포함한 전북이 5명, 의외로 강원도가 3명으로 많다. 미국 2명, 충북과 부산이 1명씩이다. 대구, 경북, 충남, 전남, 경남, 제주는 한 사람도 없다. 예상 밖이다. 이상하고 묘한 지역별 인적 구성이다.

귀국하자마자 여독이 풀리기도 전에 정부와 정당 간 이념 정쟁으로 정국이 시끄럽다. 나는 역사를 바르게 배웠기에 정사에 입각한 역사를 믿는 사람이다. 때론 역사의 기술記述이 승리자와 정복자의 것이기에, 그때그때 상황을 종합적으로 분석하여 파악하고 내 주관을 더해 판단한다. 알마티에서 홍범도 장군의 행적을 일부나마 답사하고, 삶의 중요한 일부분의 궤적을 살펴 애국심과 자주 국가가 얼마나 중요한지 현장 확인을 하여 확신에 차 돌아온 나는 무척 혼란스럽다. 목숨을 바쳐 평생 머나먼 타국에서 독립운동을 한 홍범도 장군의 흉상을 육군사관학교와 국방부에서 철거하고, 추서된 훈장을 취소하며, 국립묘지에 안장된 유골을 이장하겠다며 국력을 소모하고 있는 가증스럽고 한심한 집단들이 정권을 농락하고 있다. 두 해 전 대통령 전용기로 알마티에서 서울 공항으로 공군 전투기의 호위를 받으며 70년 만의 영웅의 귀향을 온 국민이 열렬히 환영했었다. 대통령이 직접 공항에서 영접한 장면은 후대인 우리 국민들 가슴에 얼마나 뭉클한 큰 감동을 주었던가. TV에 중계된 화면이 잊혀지지 않고 지금껏 생생하다. 현 정권의 뿌리 보수 세력이 추진하고 인정했던 독립운동가 숭앙 사업을 왜 이리 부정하는지 도무지 이해할 수 없다. 뉴라이트 집단이 큰 문제다. 이는 자기모순이며 자기 부정 자가당착이다. 이 나라가 어디로 갈지 정말 한심하다. 표 찍어, 지지하고 뽑아준 절반의 유권자들은 나라를 잘 경영하고 진화시키라고 투표했을 것이다. 그런데 지금 그 지지자들은 무슨 생각을 하고 있을까. 비분강개 통곡을 할까? 희희낙락 쾌재를 할까? 행정부의 잘못을 당에서 지적하고 고쳐가야 하는데, 이 망할 놈의 나라 여당 국회의원들은 옳고 그름을 분간 못 하는 바보 천치 행태만 하며 나라를 좀먹고 있으니 한심할 따름이다. 정의의 잣대로 판단하여야 할 정치 검찰과 법관들은 더 한심한 부랑배들이다. 불의를 정의로 바꾸지 못하는 야당 의원들도 자유롭지 못하며 한심하다.

통일의 길은 자꾸 멀어져만 간다. 서로 이념 정쟁과 중국의 속국이나 다름없었던 역사를 부정하면서 원한의 나라 일본의 속국을 인정하는 듯한 행태가 역겹다. 멀리도 가까이도 하기가 거북스러운 우방 미국, 신중히 처신해야 할 미국과 너무 가까워지며 종속되고 있다. 아니, 오래전부터 우리나라는 미국의 식민지라 해도 과언은 아니다. 이 정부 들어 부쩍 얽매이고 엮여 흐트러짐을 통감한다. 우리나라는 예부터 지리적 특성상 이웃 나라들을 무시할 수 없이 눈치 보며 존립해왔다. 중국과 일본, 러시아에 에워싸인 닭장 속 닭이었다. 근래 우리 국력이 세계 10위권에 오르자 조그만 하지만 나라의 목소리를 내는 실정이다.

김대중 정부 때부터 통일의 염원이 조성되어 통일이 그리 멀지 않았었음을 느꼈다. 노무현 정부 때 서서히 무르익어 갔으나 박근혜 보수 정부 때 멈칫거리며 뒷걸음쳤고, 문재인 정부는 노력은 했으나 별 진전 없이 막을 내렸다. 민족 분단의 70년 염원인 남북통일은 아무래도 물 건너간 것 같다. 무조건 전 정부의 정책을 부정하며 비겁하게 핑계를 댄다.

내정이 안정되어야 외교력을 강화라고 통일의 길을 열 텐데 매일 당리당략을 앞세워 국민을 무시하며, 잼버리 대회 실패를 빌미로 애꿎게 전라북도를 흔들어 확정된 새만금 예산을 80%나 삭감하는 폭력적인 코미디를 연출했다. 일본 후쿠시마 핵 오염수 방류를 지지하여 세계적 웃음거리로 전락한 정부, 북한을 매일 자극하며 전쟁 분위기를 조성하고, 중국을 자극하여 엄청난 무역 손실을 초래했다. 어디 그뿐이랴 실정을 열거하자면 날밤을 새워도 모자란다. 해군의 잠수함 홍범도 함의 이름마저 바꾸려 한다. 어이없어 기가 찰 노릇이다. 홍범도 장군 같은 독립투사가 없었다면 오늘날 너도 없고 나도 없을 것이다.

이 지구상 유일한 분단국 나의 조국은 통일 없이 영원히 남을 것인가.

얼마 남지 않은 생애, 어쩌면 통일의 감격을 누리지 못할 것 같은 예감이다. 자꾸만 통일의 길이 희미해져 멀어지니 안타까울 뿐이다. 통일의 길은 이리 멀고 험난한 것인가.

2023. 09. 03.

용龍의 승천昇天

이름 그대로 시인은 구름 속으로 용이 되어 우리 곁을 떠났다. 떠난 게 아니라 지상 속세에서, 영원 선계로 살며시 자리를 옮긴 것이다.

국향 그윽한 가을 초입, '가을은 슬픔도 향기롭다.'던 시인 중산 이운룡 시인은 지난 9월 24일 숙환으로 향년 84세를 일기로 영면에 들었다.

한국문인협회 전북지회가 주관하여 전북 문인협회장으로 치러진 중산 시인의 장례식에 같이했다. 고인의 후배 김영 전북 문인협회장의 조사, 절친 김남곤 시인의 조시, 소년 시절부터 생전까지 고락을 같이한 윤석정 전북일보사장의 고별사, 제자 이재숙 시인의 추도사가 자리를 같이한 후배 문인들과 가족들의 눈시울을 적셨다. 평소 흠모하는 동향 선배 문인이기에 마음은 더 착잡하고 무거웠다. 진안 출신으로 지방 문단을 찬란히 빛내던 시인도 자연의 섭리와 세월 앞에선 어쩔 수 없나 보다. 평소 따뜻하면서도 인품 후덕하여 후배 문인들과 동료, 도민에게 존경과 추앙을 받았던 귀한 삶이셨다.

시인은 1938년 진안에서 출생하여 전북대학교 국어국문학과에서 학사를, 한남대학에서 문학 석사, 조선대학교에서 문학박사 학위를 받으셨다. 1969년 현대문학 3회 추천으로 시인으로 등단하였고, 월간문학으로 평론가가 되었다. 감성과 이성을 두루 갖춘 시인 겸 평론가였고, 유수 중 · 고등학교와 대학에서 후학을 지도한 참스승 교육자였다.

시인은 『어안을 읽다』 등 20여 권의 시집과 15권의 평론집, 200여 편의 문학과 시론을 출간 발표하는 등 왕성한 문학 활동을 하였다.

시인은 전북에서 처음으로 〈열린 시 창작 교실〉을 열어 신춘문예 작가 등 다수의 시인을 배출하였다. 그리고 《중산 문학상》을 제정, 우수한 시인과 평론가의 사기를 돋우었다.

20대 전북문인협회장과 전북문학관 1~2대 관장을 역임, 전북 문학 발전에 크게 기여하셨고 전북문학관을 전국 최고의 문학관으로 육성하셨다. 그 공로로 전북인 대상(예술 부문)과 전북 문학상, 진안 군민의 장 등 수많은 문학 문화예술상을 수상하셨다.

시인은 백발의 노신사다. 진안 출신 원로 문인, 전북 문단의 큰 별들이 사라진다. 재작년 말 베스트셀러 작가 「흐느끼는 목마」의 허소라 시인과, 재야 무보수 인권변호사로 감사원장을 지내신 한승헌 작가가 올해 초 세상을 등졌다. 진안은 여류 시성 이매창에 버금가는 부부 여류시인 고 김삼의당을 필두로 시조시인 구름재 박병순, 왕성한 활동으로 노익장을 과시하는 원로 아동문학가 허호석, 전병윤 시인 등 중

견 문인들을 인구에 비해 타 지역보다 많이 배출했다. 이는 산고 수려한 진안고원의 마이산의 기상을 이어받아 문학의 감수성이 발현되어 그렇지 않았을까 하는 생각을 해본다.

수많은 유명 문학인을 배출했건만 우리 고장은 변변한 문학관 하나 없다. 이웃 타 지역은 훌륭한 문학관을 건립 운용하여 지역 문화 창달에 큰기여를 하고 있다. 불원간 문학관을 건립하여 돌아가신 선배 문인들의 귀중한 자료들을 모아 보관하고, 현존하는 작가들의 작품과 자료를 보관하고 전시함은 물론 후대에 물려줘야 할 것이다. 수년 전 필자가 제5대 한국문인협회 진안지부장 재임 시 추진하던 진안 문학관(가칭) 건립 계획은 유야무야 지지부진 제자리 걸음걸이다.

문학은 모든 예술의 뿌리다. 문학관은 우리 지역의 문화유산이며 역사이기에 타 지역에 뒤떨어진 문화 예술을 계승, 발전, 진화시켜야 한다. 문화 예술인 특히 문인들의 적극적 동참과 중앙 정부와 지방정부의 적극적 협조가 필요하다. 선배 문인들의 귀중한 자료를 보관, 전시할 공간이 없어 타지역 문학관으로 유출될 위기에 처해있다. 참으로 안타까울 뿐이다. 노시인께 부탁드리고 싶은 한 가지, 하늘나라에서 찬란한 큰 별이 되어 고향의 문화 예술과 문학 발전을 위하여 기도해 주시고, 고향의 문학관 건립을 위하여 늘 어여삐 여겨 늘 지켜봐 주시고 도와주기를 간절히 바랍니다.

일찍이 나옹선사께서는 '生也一片浮雲起 死也一片浮雲滅(생야일편부운기 사야일편부운멸) 삶과 죽음은 한 조각 구름 같다.' 했습니다. 시인이

시어 이제 무겁고 버거웠던 모든 짐 내려놓으시고 편히 쉬소서. 그동안 같이했던 시간이 참 행복했었습니다.

2022년 가을날

거룩한 삶

긴 장마에 시달린다. 이번 장마는 인정머리 없이 조그만 틈새도 주지 않는다. 가끔 한나절쯤 햇빛을 비춰 줬으면 좋으련만 얼마나 매몰찬지 그렇지가 않다. 기후 변화는 몸살을 앓고 있는 지구의 자연 생태계가 바뀌고 있음을 진즉 인간에게 경고했었다. 지구 곳곳에서 온갖 재해가 돌발하나 우매한 우리 인간들은 영리와 욕망에만 눈이 멀어 대비치 아니하고 있으니 이것이 안타까울 뿐이다. 이것은 인간만이 아니라 국가의 절대적 의무다. 긴 장마로 인한 빗속에서 사람이나 동식물들은 생존을 위해 비지땀을 흘린다.

뜨락에 서서 궂은비 내리는 매화원을 바라고 있다. 작년에 베어 쌓아둔 고목에서 진홍색 영지버섯 몇 송이가 곱고 단아한 모습으로 확 달려와 가슴에 비수처럼 꽂힌다.

올해 초 돌아가신 전북 문단의 큰 별, 아니 대한민국 문단의 큰선비 고하 최승범 시인의 부음을 받았다. 고하 선생님은 시조인, 시인,

수필가, 학자, 교수로서 한평생을 풍류 깊은 전라도의 멋과 맛, 한국 문학의 진화를 위한 삶이었다 해도 과언은 아니다. 나는 그분에게 직접 문학과 인생의 가르침을 받은 적은 없으나 멀고 가까운 발치에서 자주 볼 수 있는 기회가 있었다. 청년 학창 시절부터 그분의 저서를 많이 탐독하면서 내 문학의 일정 부분 자양분이 되었다고 믿는다.

현대 시조의 태두 가람 이병기 시조 시인의 제자와 후계자로, 선배 구름재 박병순 시인과 함께 가람의 빛나는 명맥을 이으셨다. 오랫동안 전북대에서 후진 양성과 전라도 문학을 위해 헌신 봉사하셨다. 현대 한국시의 큰 별, 목가 시인 신석정 시인의 입주 제자로 사랑받았고, 석정 시인의 사위가 되는 큰 복도 받은 걸로 알고 있다.

아호가 고하古河인 고 최승범 선생님은 학덕과 문심文心 깊은 영원한 선비셨다. 최명희 소설가의 대표작 『혼불』의 주 배경인 남원시 사매면 서도리 노봉마을 삭녕최씨 집성촌에서 출생하셨고, 돌아가신 곳도 전주였다. 그만큼 고향 전라도에 애착을 갖고 사랑하셨다. 전북대에서 40여 년간 수많은 국문학도와 작가를 길러 전북 문학을 살찌워 위상을 드높이셨다.

수년 전, 전북대에서 정년퇴임 하신 후 고하 문학관장으로 계실 때이었다. 세 번째 수필집 졸저 『그곳엔 물레방아집은 없었네』를 보내드렸더니 한지에 꼼꼼하고 정성들여 쓴 육필 감사의 편지를 보내주셔서 지금도 소중히 보관하고 있다. '책 장마다 많은 상상의 날개를 펼치고 있었음을 보았습니다. 「대통령의 가죽 피리 소리」가 퍽 재미있었습니다. 책을 출간할 때마다 보내주심에 고맙다.'라는 인사말과 '상재와 건필을 빈다.'는 격려와 축하 말씀이었다.

만물은 태어나고 죽는다. 사후 세계가 있는지 없는지는 잘 모르지만 있다고 믿고 싶다. 고목 위에 곱게 피어난 버섯을 보며 자연의 섭리, 순환과 윤회를 생각한다. 고하 선생님은 이 세상에 태어나 한 세기 가까이 영광과 고난의 삶을 영유하셨다. 살아생전 많은 업적을 남기셨고 결과적으로 행복한 삶이었다고 생각한다. 그 가르침의 제자들이 고목이 되신 고하 선생님 후예일 것이다. 고목에서 피어난 영지버섯들처럼 수많은 제자와 후학들은 찬연히 문학의 꽃을 피울 것이다. 또한 세월이 흐르면 영지버섯은 사람들의 생명을 위해 기꺼이 거룩하게 목숨을 바칠 것이다. 오래전 고하 선생께서 하신 말씀이 가슴에 맺힌다. "나는 세상에 다시 태어난다 해도 역시 전라도 내 고향에서 태어나고 싶고, 전라도 내 대학에 다니고 싶고, 전라도 내 대학에서 교수를 하고 싶다."라는 말은 그분이 얼마나 애향심 깊은 문사였는지 짐작하고 남는다.

극락세계에 계시는 고하 최승범 선비 시인님의 영면을 빈다.

2023. 07. 27.

클레오파트라는 해외여행 중

이집트에서 마지막 밤이다. 짐을 챙겨 떠날 준비를 마쳤다. J군에게 배운 포토 샵, 사진에서 불필요한 물체를 지우는 방법이다. 고급 기술이다. 잊지 않으려 실전 연습에 게으름 없이 매진했다. 손 떨림 현상이 나타나 긴장한다.

카이로 근교에 있는 피라미드 중의 피라미드, 기자의 피라미드를 관람했다. 처음 보는 순간, '오!' 연발되는 감탄사! 떠나는 마지막 날 멀리 이집트에 온 이유를 알겠다. 사진과 글로만 보아온 실체, 실감 난다. 사막 언덕 위에 자리잡은 9개의 피라미드군群, 그중 세 개의 피라미드가 압권이다. 작은 6개의 피라미드는 왕비와 고급 관리들의 무덤이다. 쿠푸왕의 피라미드가 가장 크다. 한 변이 230m로 높이는 147m, 사각형 뿔 모양이다. 웬만한 산 높이다. 기원전 2,500년경 요즘 중장비로나 들어 올릴 수 있는 큰 돌들을 어떻게 쌓아 올렸을까? 정답이 없고 상상을 초월한다. 정사각형 원추 뿔을 어떻게 건축했을까. 세계 7대 불가사의가 허명은 아니다.

그 옆에 조금 작은 피라미드는 쿠푸왕의 아들 카프레왕의 무덤이다. 그 옆 더 작은 것은 멘카우레왕의 피라미드다. 세 개의 피라미드가 일 열로 자리잡고 있다.

쿠푸왕의 무덤 내부를 관람했다. 하단부에 입 · 출구가 있다. 두 사람 통행이 가능한 통로, 구부려 계단식 가파른 묘지로 한참을 오른다. 몇 번을 통로 벽 모서리 돌에 머리를 부딪쳤다. 겉과는 달리 내부는 강건하고 무거운 화강암 같다. 쿠푸왕의 관이 있던 석실은 꽤 넓다. 그 속에 수많은 부장품이 있었을 것이다. 수많은 관람객이 오가는 열기에 숨이 막힌다.

사진을 남겨야겠기에 포토 포인트를 찾아 몇 장 사진을 남겼다. 카이로 시가가 훤히 보이는 구릉 위 피라미드 옆으로 패러글라이더 몇이 비행한다. 낙타 무리를 이끄는 원주민은 낙타 타기 체험을 하라 채근댄다. 가까운 스핑크스가 인상을 쓴다. 반인반수의 전설의 동물, 사자의 몸체에 여인의 얼굴을 한 피라미드를 지키는 수호신이다. 인산인해다. 70여 미터의 길이와 20여 미터의 높이, 4미터의 폭이다. 사암이라 그런지 오랜 세월 만고풍상을 다 겪어 망가진 곳이 많다. 어린 시절 책에서 처음 만났던 피라미드와 스핑크스, 실체를 만나보니 꿈꾸는 것 같다.

알무알라카 모스크가 올려다보이는 경관 좋은 언덕 위의 녹색 장원, 고급 레스토랑 야외 정원에서 양고기 바비큐로 현지 마지막 정찬을 맛본다. 빵 맛이 참 좋다. 옛 왕실의 별궁이어서인지 주변 경관이 수려하고 우아하고 고급스럽다. 사진 촬영하기 좋은 곳을 발견하여 몇 컷 남겼다. 일행이 우르르 따라 부부간 사진을 남긴다. 뒷배경이 일품이다.

카이로의 구도심에 있는 칼 가자리바자르 시장을 쇼핑했다. 옛 물품들이 가득하다. 이층 미만의 낮은 상가 건물은 방사형 골목길이다. 빈곤층이 사는 빈민촌이라 소매치기와 야바위꾼이 많으니 현지 가이드가 몇 번이나 조심하라 강조한다. 좁은 골목길과 오르내리는 비탈, 옛 냄새가 물씬 풍기는 문화의 거리 헌책방과 흑백 사진이 걸린 사진관과 야외 전시장, 고미술품이 즐비하다. 꼭 서울 인사동 골목이다.

욕심나는 흑백 사진이 있어 구입하려는데 시간 없다며 가이드가 재촉한다. 구 시청과 가톨릭 성당, 그 옆엔 이슬람 사원이 공존한다. 기독교인은 10% 남짓이란다.

공항을 향한다. 기분 나쁜 검색대를 또 통과하여야 한다. 면세점에 들려 황금 낙타 한 마리를 샀다. 낙타 두 마리의 주인이 되었다. 알라딘 램프 닮은 술병 하나 J군에게 선물했다. 훗날 문득 이것을 볼 때 이집트 여행을 회상하라고…….

클레오파트라를 꼭 만나고 싶어, 벼르고 벼르다 멀리 이곳까지 왔건만 이집트엔 그녀는 없었다. 아쉽지만 내 맘속에 고이 간직하고 이집트를 떠난다. 카이로를 떠난다. 세계 4대 문명 발상지 중의 하나 이집트 문명의 감동은 오래 남을 것 같다.

2022. 11. 12.

제4부

정의로운 세상을 위하여

4.15의거(선거 혁명) 1

4월은 잔인한 달인가? 의로운 달인가? 세월호 침몰 6주기를 하루 앞둔 4월 15일, 제21대 국회의원 총선이 있었다. 논객 유시민은 선거 닷새 전, '범여권 진보세력이 180석 당선 예상' 발언으로 큰 파문을 일으키며 매스컴을 뜨겁게 달궜다. 골수 보수 언론과 제1야당은 헛된 망상이며 개인의 꿈이라 비아냥거렸다. 그러나 미래통합당은 위기의식을 느껴 응집하는 효과가 있었고 최소 10석은 지켰다고 생각한다. 나는 그동안 골수 보수 정치꾼들의 치졸한 여러 작태를 근거로 그 이상을 예견하고 있었다.

더불어민주당 지역구 163석, 사이비 비례대표 위성 정당 더불어시민당 17석을 합쳐 한 지붕 두 가족 180석, 전체 의석 60%를 점유하는 초유의 사태가 발발했다. 여기에 초록은 동색인 열린민주당 3석, 무소속 5석 중 전북의 1석, 성향이 비슷한 정의당 6석, 국민의당 3석을 더해 193석이 당선되는 쾌거를 이룩했다. 모든 국정을 발목 잡으며 반대를 위한 반대만 고집하던 야당 미래통합당은 지역구 84석, 원조

사이비 비례대표 위성 정당 미래한국당 19석을 합쳐 103석이 당선되었고, 뿌리가 같은 무소속 4명을 합쳐도 107뿐이다. 64:36, 개헌 저지선을 아슬아슬하게 넘 겼다. 대한민국 국민은, 아니 유권자는 참으로 현명하고 지혜롭다. 슬기롭고 공정함에 탄복하지 않을 수 없다. 온 지구상을 휩쓸며 만연하는 코로나19 전염병 대처 능력과 더불어 한민족 우리 국민은 우수한 민족이라 세계인으로부터 존경과 주목을 받을 충분한 자격을 가졌다.

막말의 아이콘, 황 GA, 차 MJ, 김 JT, 나 GW, 민 GW, 전 HG, 안 SS, 김 ST 등 당 대표와 원내대표 대변인을 지내고 다선의 영광을 누렸던 의원들은 춘풍 낙엽이 되었다. 정 JS, 장 JW은 어떻게 당선이 되었을까? 유감이지만 그들을 선택한 지역구 유권자의 마음을 헤아리기 힘들다. 변절의 화신 심 JC, 김 MS도 쓴잔을 마셨다. 태극기 부대 대표 선수 조 WJ은 옥중에서 지원한 박근혜 전 대통령의 지원에도 낙동강 오리알이 되었다. 모두 다 꼴통 보수들 자처하는 옛 새누리당 의원들이었다. 낙선을 그들만 몰랐었을까? 남들이 보면 유권자 국민의 눈에는 사필귀정이다.

막말도 모자라 삭발하고 단식하며 거리 집회하는 당 대표, 정작 목숨 걸고 단식과 삭발을 하여야 할 때는 하지 못하고 그저 별 볼일도 아닌 일에 삭발하고 단식 투쟁하며 쇼맨십을 연출하는 졸장부를 그 어느 국민이 나라의 대표자로 삼겠는가. 종교인 탈을 쓴 정신병자 전 GH과 합세하여, 국가와 국민을 공격하고 분열을 선동 기만하며 소인배 행세를 하면서 어찌 위대한 대한민국을 다스리려 했을까? 헛된 꿈 야무지게 꾸었다. 이제 치졸한 짓 그만 좀 작작 해라. 구역질 난다. 촛불 시위의 의미를 정말 진정 모르는 걸까? 아니면 왜곡하며 어깃장을 부려본 걸까? 자신의 출세를 위해 옳고 그름도 분간 못 한 채 그를 따르며 목숨 바쳐 충성하는 다수 무리 또한 가엾다. 주인 잘 따르는 충견, 잘 길들어진 강아지들이다.

초대 대통령 이승만이 두려워하였고 온 국민의 존경을 받았던 초대 대법원장 가인 김병로님의 손자 김J, 애국이란 미명을 빌미로 선거 때만 되면 이 당 저 당 철새처럼 기웃대며 추한 꼴로 조부를 욕보이니 측은하기 그지없다. 더 이상 존귀한 조부의 이름에 먹칠하지 말고 정계를 떠나라.

최고의 학부에서 공부 잘한 다수 수재급 의원들, 그들도 보통 사람 국민과 똑같이 같은 교과서로 같은 역사를 읽혔는데 왜 다르게 해석하며 다른 역사를 쓸까? 국민의 수준에 훨씬 못 미치는 사람들이 정치를 한답시고, 국민 위에 군림하며 지도자라 으쓱대고 세비만 축내고 국가를 병들게 했다.

20여 의원을 거느리고 두 거대 양당 사이에서 캐스팅 보트를 쥐었던 원내 교섭 단체 국민의당, 의무보다 권리 찾기에 열중했던 그들은 단 한 명도 선택받지 못하고 몰락의 길을 걸었다. 다선의 호남의 맹주 박 JW, 천 JB, 정 DY, 박 JS, 조 BS, 유 SY은 더불어민주당 후보들에게 춘삼월 동백꽃 지듯 무참히 짓밟혀 산화되었다.

영남의 호프이며 유력한 차기 대권후보 김 BG과 김 YC도 지역 감정의 희생양, 추풍낙엽이 되었다. 미래가 영 미덥지 않은 미래통합당 역시 마찬가지다. 변치 않는 영원한 텃밭 영남과 수도, 서울의 강남을 제외하고 불출마나 낙선을 하였다. 공천이 배제된 홍 JP, 김 TH는 무소속으로 소속당을 비웃고 대권의 꿈을 이어갔다. 사고뭉치 문제아 권 SD과 윤 SH은 당당히 당선되었다. 그 지역 유권자의 선택 기준은 무엇이었는지 의아스럽다.

인구와 경제력이 집중된 수도권이 대한민국의 정치 판세를 좌우한다. 의석수도 지역구 반에 가까운 121석이다. 다음은 T • K와 P • K로 대변되는 영남권이다. 충청이나 호남 그 외 지역은 크게 판세를 좌지우지 못 한다. 서울, 경기, 인천 등 수도권에서 집권당과 제1야당의 지지율을 분석해보면, 57%:43%다. 그런데 기이하게 당선자는 85%:13%다. 이는 근소한 표 차로 집권당이 승리한 것이다. 소선거구제도의 맹점도 한몫했다. 민심을 배반한 야당의 선거 전략, 막말과 삭발 단식 집회, 코로나19를 극복해야 하는데 비굴하게 선거전략으로 역이용한 우매함에 기인했다고 보여진다. 대선 주자 오 SH 전 서울시장도 아나운서 출신 정치 새내기 풋풋하고 싱그러운 고 MJ에게 패했다. 빅 뉴스거리었다.

부자 동네 강남 3구에서 승리한 야당, 다당제의 몰락과 양당제의 부활, 사이비 비례 대표제로 큰 상처와 패배를 맛본 정의당은 득표율에 비해 심 SJ 당 대표 한석만 당선자를 내는 참패를 당했다. 아무런 희망도 주지 못하고 국민을 절망시킨 손 HG와 안 CS, 국민에게 염증과 혼란을 그만 주고 정계를 은퇴하여 남은 삶 국민에게 헌신하며 조용히 살았으면 좋겠다. 그리고 뒷전에서 곶감 놔라 배 놔라 하는 구정치인들 그만큼 해 잡쉈으면 이제 알아서 떳떳하게 은퇴하라. 감옥에서 태극기 부대 선동하고 이끌며 오만 잡짓 하는 골통들도 이 봄에 미련 없이 떠나라. 부끄러운 줄 안다면 미세먼지 속으로 슬그머니 사라져라. 지금이 호 적기다.

2020. 04. 18.

4.15의거(선거 혁명) 2

무슨 놈의 당은 그리도 많아 투표용지를 자동으로 개표 못 하고 수동으로 처리하는 자유 민주국가가 내 조국 대한민국이다. 민주국가의 맹점인 대표적 제도이다. 35개 정당, 정리해야 한다.

영남과 호남, 동서 분리가 확연했다. 영남(T • K, P • U • K) 65석 중 여당 7석, 친 야 무소속 2석이 당선되어 89%(58석) 야권의 압도적 승리였다. 호남에서는 28석 가운데 친여 1석 무소속을 제외하고 여당이 싹쓸이했다. 충청권과 기타 지역에서도 여당이 우세하거나 대등했었다.

국회선진화법 내용은 잘 모른다. 그러나 21대 국회에선 아래 몇 가지 사항이 국회법이나 선거 관련법으로 입법화되어 시행되기를 간절히 소망한다.

1. 국회의원의 의무를 강화하고 권력을 대폭 축소하여야 한다.

그동안 일은 안 하면서 무한의 특권을 누리며 밥값을 못했다. 타 입법 제정에는 인색하며 의원 수혜 관련 법안 제정엔 혈안이었다. 세비를 대폭 축소해야 한다.

2. 국회의원도 정년제와 다선제를 제한 적용하여야 한다.

법정 노인 기준 연령도 65세이고, 대학교수의 정년도 65세이다. 왜 국회의원만 무한 연령이냐. 공무원이나 공직자 일반 근로자는 60세를 전후하여 대부분 정년퇴직한다. 일반회사 근로자는 한참 일할 나이인 50세 중년에 명예퇴직 제도에 내몰리기도 한다. 헌법 평등권에 위배된다. 호호백발 70~80대까지 의원 생활하시려면 타 직종도 그에 걸맞게 정년을 연장하여야 할 것이다. 국회의원이 평생 직업인 양 8~9선씩 하는 것을 가문의 영광으로 생각지 말고 부끄러운 줄 알아야 한다. 인재는 많이 있다. 입후보 정년을 65세로 하고 다선은 5선으로 제한을 두자. 5선이면 20년이다.

3. 국회의원 능력 보수제를 도입, 실시하여야 한다.

일 잘하는 의원과 일 못하는 의원의 세비와 권한을 차등 적용하여야 한다. 의정 생활의 근태 평가는 국민대표 의원 감시단이 할 것이다. 자신들을 되돌아보고 유럽 의원들과 비교하고 본받아야 할 것이다.

4. 청년과 여성 의원 수를 확대하고 노년 의원 수를 감축하여야 한다.

통상 분류하여 청년층(25세~40세) 25%, 중년층(41~55) 30%, 장년층(56~65) 35%, 노년층(66~70) 10%로 하여 의회를 싱싱하고 젊게 하여야 한다. 남:여 비율은 60:40으로 입법화하여야 한다. 50:50이 원칙이나 우리나라 현실을 감안 60:40을 한시적으로 유지하면 좋겠다. 그들이 만들어 입법화된 여성의원 30%도 못 지키는 게 현실이다.

5. 연동형 비례대표를 확대하고 위성 정당제를 폐지하여야 한다.

거대 양당은 사이비 위성 정당을 만들어 스스로 의회 민주주의를 훼손하고 소수 정당을 궤멸시켰다. 미래통합당에서 정권을 잡아보겠다고 꼼수 위성 정당 미래한국당을 만들자, 위기의식을 느낀 더불어 민주당에서도 더불어시민당을 만들어, 정의당과 열린민주당, 국민의당, 민생당 등 소수 정당을 궤멸시켜다. 거대 양당의 폭거이다. 연동형 비례대표제를 이행치 않으려면 지역구 전체 정당 득표율로 비례대표 의원 수를 확정 선출하여야 한다. 나는 지인 J씨를 후원키 위하여 M당 당원의 적을 가졌으나 비례대표 투표는 타당 J당에 하였다. 정책과 정당별 균형을 맞추기 위해서였다.

6. 다당제를 축소하고 소少당제로 전환하여야 한다.

선진국은 대부분 양당제나 소수의 정당으로 국가를 운영한다. 그리하여 국고를 절약하고 국민의 뜻을 한 데로 집중, 국정에 임해야 한다. 투표용지 43cm가 되어 수기로 검표하는 후진성은 웃음거리다. 벗어 나여야 한다. 대선 때만 되면 대통령 후보자가 왜 그리 많은지 놀랠 뿐이다.

7. 소선거구제를 유지하되 정당별 총득표로 비례대표 의원 수를 입법화하여야 한다.

무소속을 제외한 지역구를 당선시킨 3당을 살펴보자. 열린민주당은 약 49% 득표로 163석, 통합미래당은 약 41% 득표를 하고 84석, 정의당은 약 9% 득표로 1석, 무소속은 약 1% 득표로 5석이 당선되었다. 지역구의 현실이며 소선거구 제도의 맹점이다. 득표율로 환산하면 약 124석:104석:23석:2석이 되어야 한다. 여당은 큰 이득을 보았고 야당, 특히 정의당을 선택한 유권자 250만 표가 사라진 사표死票가 되었다. 대의민주주의 크나큰 허점이며 불공정 불평등의 표본이다.

8. 작은 국회를 만들어야 한다.

의원 정원수가 너무 많아 국정 운영에 적지 않은 폐해를 준다. 일은 안 하면서 무한한 권력과 세비만 축낸다. 200여 명으로 축소하고 인구 기준(유권자)과 지역 행정 기준을 감안하여 지역 선거구를 개정하여야 한다.

9. 법조인 의원 수를 제한하여야 한다.

정치인 다수가 법조인 출신들이다. 법을 전공했기에 법을 너무 잘 알아 제정과 입법에 유리하겠지만, 그들은 이를 악용하는 폐단이 많았다. 법 집행을 정의, 공정, 양심에 따르지 않고 당심黨心과 권심權心에만 따랐다. 국회의원 정원의 5%, 15명을 상한선으로 하여 제한해야 한다. 법조인 출신 의원들이 온갖 악행을 자행하는 게 현실이다.

우리나라는 여러 면에서 선진국 대열에 진입하고도 유독 정치 분야는 왜 후진국인가? 정치인의 자질이 부족하기 때문이며 시스템의 문제가 많기 때문이다. 유권자의 유일한 최고의 권력 선거권을 올바르게 행사, 하루빨리 정의로운 양심과 열정을 가진 근면 성실한 인재를 국회의원으로 선출하여 정치 후진국을 벗어나자. 국민이 즐겁고 행복한 대한민국을 만들자. 그리하여 후손들에게 결코 부끄럽지 않은 자랑스럽고 떳떳한 나라를 물려주자. 코로나19 극복도 세계 최 선진 강국인 것처럼……

2020. 04. 18.

21세기 지옥 스케치

엊그제, 좋아하는 가람 보림사에 다녀왔다. 그 절은 소박하나 화려하지 않고, 규모도 거창하지 않고 아담한 편이다. 말 그대로 '검이불루 화이불치儉而不陋 華而不侈다. 동양 3국에는 각각의 보림사가 있다. 인도 중국과 더불어 3대 보림사 가운데 한국 선불교를 대표하는 절이다. 구산선문인 동시에 선종禪宗을 맨 처음 실행한 유서 깊은 사찰, 문인의 고장 장흥 가지산 보림사의 팔열 지옥 불화가 가슴 깊이 각인되어 있기에 자주 찾는 절이다.

그곳엔 모세의 기적은 없었다. 아수라장과 아비규환, 생생한 현대판 지옥이 저럴까 싶었다. 얼마 전 아프가니스탄 카불 국제공항 활주로 풍경이다. 여객기 트랩에 개미 떼처럼 엉겨붙어 서로 먼저 탑승하려는 피난민들을 보며 만감이 교차했다. 활주를 시작한 미군용 수송기 동체와 랜딩기어에 파리떼처럼 들어붙어 피난을 시도하는 아프간인들의 목숨을 건 탈출극, 이륙을 위해 활주를 시작하고 하늘로 솟구

칠 때 활주로에 추풍낙엽처럼 떨어지는 사람들, 얼마나 절박했으면 떨어져 죽을 줄 뻔히 알면서도 이처럼 목숨을 건 무모한 탈출을 시도했을까. 누구나 단 한 번도 경험치 못한 저승 세계, 지옥이 저러려니 상상하니 불화佛畵의 연옥도보다 더 생경하였다.

반세기 전 베트남 사이공 미군 철수 장면보다 더 생생하였고, 1950년 한국전쟁 때 폭파된 한강과 대동강 철교를 건너던 우리 민족 피난민을 보는 것 같아 가슴 쓰렸다. 아시라프 가니 아프가니스탄 대통령은 카불 함락 하루 전, 국민과 조국을 버리고 제 목숨 하나 건지려고 가족과 함께 인접국으로 줄행랑을 쳤다. 임진왜란 때 도성과 백성을 내팽개치고 평양을 거쳐 의주로 도망간 선조나, 6.25사변 시 한강철교를 폭파하고 부산으로 피신한 비겁한 대통령 이승만이 떠올라 야릇한 슬픔의 분노에 사로잡혔다. 지난 우리 역사는 백성들을 거느린 질 나쁜 몇몇 민족 지도자들의 서글픈 자화상이다. 차마 부끄럽고 비참하여 오열 아닌 냉소가 앞선다.

매스컴의 혜택으로 대재앙의 참사 몇 장면이 생생하다. 영화보다 더 리얼했던 9. 11사태, 세계 경제의 심장 미국 뉴욕 맨해튼의 최고층 쌍둥이 빌딩 무역센터의 여객기 충돌 폭파 사건. 일본 대지진으로 인한 해일 쓰나미의 가공할만한 위력. 이번 카불 공항의 비참한 탈출극 등이다. 일본의 지진 쓰나미 사건은 자연적 재해이나, 다른 두 참극은 공교롭게도 종교와 인간이 저지른 죄악이었다. 과격한 무슬림의 엄청난 살상 행위였다. 이 세상의 불행한 전쟁은 대부분 정치와 종교 종파 간 이념의 갈등에 의해 일어났다. 아프가니스탄 사태는 이슬람교 종파 간 갈등의 산물이었다. 저항 강경파인 시아파의 탈레반과 무장 세력 I S. 육신과 자동차 비행기에 고성능 대형 폭탄을 장착하여 자살 폭파를 감행하는 맹신도, 소름 끼치는 잔인한 그들의 행위는 진정 정당할까. 그들의 신 무함마드는 용납할까? 종교적 이념을 이루기 위해 타인의 목숨과 재산을 흙먼지보다 가벼이 여기는 그들의 행위는 정당하고 정의로울까, 그들에게 되묻고 싶었다. 종교는 어차피 인간 구원이 목표일 진대 그들의 행동에 대해 늘 의구심을 갖고 있었다. 종파 간 경전의 해석도 다르고 남성과 여성에 대한 대우와 평가도 천차만별이다. 같은 삶을 영유하면서도 여성에 대한 대우와 배려는 율법의 제한을 받는다. 지금이 어느 시대인데 시아파의 율법 해석은 1,500년 전을 헤매며 현재를 통치하고 미래를 구속한다. 도 넘은 수니파와 시아파의 갈등이 그들의 분쟁의 핵심이며, 풀 수 없는 골칫거리 수수께끼, 영원한 숙제이리라. 무슬림 경전 코란의 해석과 실천의 차이가 교리보다 소중한 인간 구원과 생명을 경시한다. 코란이 모든 것을 지배하는 초자연적 부조리를 타파해야 할 것이다. 사담 후세인, 오사마 빈라덴과 그들의 추종자는 분명 악마의 화신일 것이다.

종교 전파의 저돌성에 힘입어 이슬람교도가 기독교인 다음으로 신도수가 많다. 이 지구상 종교 분쟁이 가장 잦은 종교는 이슬람교이다. 종교란 인간의 부족함을 채우고 위로받으며 행복한 삶을 영유하는 구원의 믿음이어야 한다고 생각한다. 그런데 왜 유독 무슬림들은 경전 코란을 달리 해석하며 교리를 앞세워 인간의 삶을 지배하고 억눌러 불행케 하는가. 왜 세계 질서를 파괴하고 역사를 더럽히고 피로 물들이는지 모르겠다. 인류의 궁극적 목표 평화와 행복한 공존은 뒷전이고 종교와 집단의 번영을 위해, 기를 쓰는 그들이 안쓰럽다. 추구하는 이념과 목표가 다르다고 상대편을 정복하고 짓밟는 만행을 일삼아 역사를 퇴보시키지 말고 다 함께 상생하며 공존하자.

카불 공항 탈출극을 보면서 '팔열지옥 불화나 팔한지옥 불화'보다 더 소름 끼친다. 21세기 지옥이 저러려니 상상한다. 인류의 영원한 열락 세상, 낙원은 정녕 우리 마음속에만 있는 걸까.

2021. 08. 25.

대통령의 길 국민의 길

"니 멩박이 길로 갈래? 두한이 길로 갈래?" 느닷없이 들려오는 뜬금없는 말에 묘한 기분으로 주위를 살폈다. 본능적으로 고개를 돌려 바라보았다. 주변에는 많은 관람객이 탐방 코스 안내판을 보고 있었다. 50대 중반쯤으로 보이는 여성이 동행인 듯 일행들에게 의견을 타진하는 당돌하고 거침없는 자아 표현. 그 말뜻의 깊이를 가늠하며 이런저런 생각에 착잡하고 혼란스러웠다.

이파리들이 피를 토하며 바람에 날린다. 하늘에서 붉은별이 떨어진다. 애기단풍 낙엽이다. 귓전에 이브 몽탕의 〈고엽〉이 가슴을 파고든다. 김용택의 시 〈11월의 노래〉가 꼭 내 인생의 이맘때처럼 심금을 울린다. 김대중대통령 길이 시작되는 초가정을 가기 위해 고운 단풍 길, 김영삼대통령 길을 걷는다. 옆 호숫가엔 억새와 갈대가 바람에 서걱댄다. 먹을거리 찾아 유영하던 오리 몇 마리가 화들짝 놀라 하늘로 비상을 한다. 물줄기 일며 은물결이 부서진다. 심추深秋가 되니 만추晩秋인가보다. 메타세쿼이아 사촌쯤으로 뵈는 낙우송 형제들이 맞아준다.

향이 그윽한 산책로를 걷는다. 중국 운남성 쿤밍의 석림石林이 연상되는 수많은 뿌리줄기는 맨땅을 뚫고 솟아올랐다. 고만고만한 뿌리줄기가 드넓은 광장에 모인 수많은 군중들 같다. 한가운데 우뚝선 잘생긴 크고 우람한 뿌리줄기 하나가 유달리 출중하다. 집회에서 사자후를 토하는 무리의 지도자, 유능한 리더 같다. 대통령에 입후보하여 선거유세, 대중 연설을 하는 어느 가난한 나라의 최고지도자 같다. 반세기 전 모 전 대통령의 선거 유세장으로 착시 현상이 인다.

얼추 스무 해 전 기억을 더듬으며 꼬불꼬불 고운 단풍길을 눈요기하며 달린다. 좌우 도로변은 철조망으로 둘러싸여 산짐승조차 자유롭지 못했던 그때, 삼엄했던 2중 3중 검문소를 지나야 정문에 이르렀고, 철저한 몸수색을 마쳐야 출입이 허용되었던 금단의 땅, 지금은 인터넷 예약이나 매표소에서 표를 구입, 자유스레 오갈 수 있으니 격세지감이다. 주차장에서 탐방로로 진입하려는 첫 번째 안내판에서 코스를 살핀다. 오랜만에 청남대를 찾았다. 전두환대통령 때 신축하여 노무현대통령 때까지 역대 대통령 별장으로 사용하던 곳이다. 노무현대통령 재임 시 소유권을 청와대에서 충청북도에 귀속시켜 일반 국민에게 개방한 게 엊그제 같은데 꽤나 세월이 흘렀다. 그동안 전두환, 노태우, 김영삼, 김대중, 노무현대통령 등 다섯 분 대통령이 가족들과 함께 휴식을 취하며, 때론 국정을 구상하고 어려운 결단을 내린 곳이다. 20여 년간 사용한 청와대 별관이라 해도 틀린 말은 아니다.

낯익은 본관 앞 헬기장은 국화향이 그윽하고 자코메티 작품을 닮은 감나무엔 주황빛 맑은 결정체가 주렁주렁 가을의 서정을 뽐내고 있다. 안개 걷힌 파란 하늘은 깊고 조용한 호수다. 세월은 이곳에도 많은 변화를 가져왔었다. 비밀의 성, 청남대는 자유가 숨쉬는 공원으로 변신 중이었다. 대통령 공원에 있었다던 역대 대통령들의 동상은 숲길 '대통령의 길" 주변에 옮겨져 있다. 임기를 못 채운 전 박근혜대통령과 문재인 현 대통령의 동상은 없었다. 아마 취임 전에 공원 조성을 해서 그랬으리라 짐작된다. 이곳에는 여섯 분 대통령의 이름을 붙인 길과, 연결로 진입로 등 삼십 오리 산책로가 조성되어 있었다. 전두환, 노태우, 김영삼, 김대중, 노무현, 이명박 대통령의 길 노정은 약 11Km에 이른다. 9홀 규모의 골프장에는 김구 임시정부 주석을 비롯한 임정 요인 행정 수반 일곱분들의 동상을 모셔놓았다. 충청도 이름도 걸맞게 충절의 고장이다. 골프장이 애국지사들의 공원으로 변해있으니 애국심을 고취시켜 가슴 뭉클하다.

대통령의 길을 걷고 역대 대통령의 동상을 보며 수많은 생각이 오간다. 근대 정부 수립 뒤 민주주의 정권을 살아오며 겪어온 길은 굴곡진 고난과 부인하고픈 역사였다.

진정한 애국자요 독립운동가 김구주석이 아닌, 친미주의자 이승만이 정권을 잡고 초대 대통령이 된 일부터 불행한 역사의 시작이었다. 민족 최대의 아픔 남북 분단과 한국전쟁, 제주항쟁, 여 · 순 학살 사건, 3.15 부정 선거로 얼룩진 민주주의와 장기 집권. 쓰라린 일제 36년의 강점기를 당했으면서도 친일 세력을 정리치 못하고 꼭두각시가 된 불행한 역사. 4.19학생 의거, 피의 대가로 독재의 막을 내렸으나 하와이 망명과 이국에서 죽음을 맞이한 불행한 초대 대통령, 민주주의 정부는 요원하였던 부끄러운 우리의 역사이었다. 6.25 한국전쟁 때엔 국민을 속이고 한강 철교를 끊고 부산으로 도망간 비겁한 대통령, 임진왜란 때 백성을 도성에 남기고 평양과 의주로 몽진한 선조 임금과 뭐가 다를까? 그런 모자란 사람들과 집단이 국가를 경영하였으니 피에 얼룩진 역사의 대한민국이었다.

윤보선 대통령의 허약했던 민주당 정권, 힘쓸 시간도 없이 민주주의 꽃봉오리도 맺지 못하고 일 년도 채 잇지 못하고 5.16 군사 쿠데타로 막을 내렸다.

5.16군사 쿠데타는 장기 집권과 독재화로 인권을 유린하였다. 경제발전이란 미명하에 민주주의를 후퇴시킨 박정희대통령, 평화적 정권이양을 하였더라면 심복에게 총탄을 맞는 불행은 없었을 것이고, 대한민국은 진화하였을 것이다. 역사는 치적과 과오를 새롭게 평가할 것이다.

큰 덩치에 비해 그림자도 보이지 않았던 소심하고 우유부단했던 최규하대통령, 어부지리 외교관 출신, 그로 말미암아 잔인무도한 전두환 일당의 제2의 군사정권을 탄생시키는 빌미를 제공하였다.

전두환 군사 정권은 5.18 광주 민주화운동을 폭동으로 뒤집어 씌워 무참히 유린하고, 체육관 선거로 헌법을 개정 7년 임기 대통령이 되었다. 수많은 초법적으로 인권을 유린하고 내란음모 사건 등 암흑의 세상이 지속되었다. 뒤이어 군사 정권의 연장선, '형님 먼저 아우 늦게' 노태우가 뒤이어 대통령이 되었다. 깜도 아닌 자들이 국가수반이 되어 무력으로 나라를 쥐락펴락 하였으니 나라의 운명은 풍전등화였고 뒷걸음치고 있었다. 3김 또한 책임을 면할 수 없었다. 진정한 애국자라면 '형님 먼저 아우 먼저' 권력 양보의 미덕을 실행했어야 했다.

대통령 병증이 심각했던 김영삼은 약삭 빠르게, 도저히 이해할 수 없는 노태우와 손잡고 문민정부 대통령이 된다. 특유의 뱃장으로 전두환을 백담사로 귀양 보내고 전직 두 대통령을 법정에 세우는 결단을 내린다. 금융 실명제를 실시했으나 경제 파탄으로 국가 부도를 맞아 경제 후진국으로 추락한다. 그는 애국자이었다. 그러나 정치는 고수, 경제는 하수였다.

한민족 최초 노벨상을 받은 영원한 빨갱이(?) 김대중은 천신만고 끝에 대통령이 된다. 전 정부에서 실패한 경제로 국고가 텅 빈 나라 곳간을 '금 모으기 운동'을 전개 IMF 구제 금융을 벗어난다. 전임 독재자들을 용서하고 여성부를 만들어 인권과 여권을 신장시키고, 평양에가 북조선 최고 지도자 김정일을 만나고 남북통일의 기초를 닦는다. 끊어진 남북 철도를 이어 유럽 대륙 끝까지 물류가 오고 가는 신실크로드를 구상하고, 동서 지역 간 정치적 차별을 철폐하였다.

5공 청문회 스타 무명의 지방 인권 변호사 노무현은 전임자의 후광과 특유의 소탈한 서민성에 힘입어 대통령에 오른다. 영원한 보수, TK, PK와 보수 언론, 재벌들은 그냥 놔두지 않았다. 금수저들은 흙수저인 대통령을 퇴임 후까지 끈질기게 괴롭혔다. 안타깝게 자존심의 이상을 지키기 위해 정의로운 용기로 세상을 등졌다.

운 좋은 사업가 출신 이명박은 건설회사 사장답게 전임자의 정책을 불도저가 굳은 땅 뒤집듯 모든 걸 다 뒤엎었다. 그리고 농산물 수입개방, 전 국토 운하와 4대강 사업으로 건설 공사장이 되었다. 미국과 일본의 식민지화가 되면서 빈부 격차, 부동산 투기의 심화, 민족 정기를 잃은 영혼 없는 나라가 되었다.

국민들의 선택을 부정할 수 없지만, 정말 아는 것보다 모르는 게 더 많은 박근혜가 대통령이 되었다. 인정할 수 없었다. 4.16 세월호 참사와 최순실의 국정 농단 사건, 남북 관계 단절 등, 어처구니없는 일들의 연속이었다. 하나하나 작은 촛불들이 모여 수백 수천만의 촛불이 되고 촛불은 이 나라를 민초들-백성들이 대통령을 탄핵, 옥좌에서 끌어내 감옥으로 보냈다. 국민의 힘은 참으로 위대했다. 투표 잘못한 어느 지인은 왜 '손가락을 자르고 싶다' 했겠는가.

보궐 선거로 노무현 전 대통령의 비서실장 출신 문재인이 새 대통령에 오른다. 선거 혁명의 쾌거를 이루고 돌발 사태 코로나19를 슬기롭게 극복 중이다. 검 · 언 유착의 단절, 검찰 개혁, 아파트 값 폭등 등으로 세상과 나라가 너무 소란하다. 할 일은 많고 갈 길은 너무 멀다.

국가를 위해 헌신 봉사한 훌륭한 대통령이 있었는가 하면, 권력과 사리사욕에 눈이 멀어 국가와 국민을 외면한 대통령이 더 많았었다. 성공한 대통령과 실패한 대통령은 국민과 역사가 평가한다. 며칠 전 모 대통령의 동상을 훼손 철거하려던 국민이 구속되었다는 보도를 보며 씁쓸했다. 이 산책길, 대통령의 길들이 곱고 아름답듯 역대 대통령들의 치적 또한 찬란하게 빛났다면 얼마나 좋았을까. 부모님의 길처럼 효성과 자애로 넘치고, 연인의 길처럼 사랑과 애정이 넘치고, 스승의 길처럼 존경과 기쁨이 넘치는 길이었으면 얼마나 좋을까. 국민의 길은 평안과 즐거움이 넘쳐 행복하여야 하고, 대통령의 길은 역경과 고난에 찬 인고의 탐험 길이어야 하겠다.

계절 탓만은 아닐 것 같다. 꽃 피고 새 우는 어느 봄날 이 길을 다시 걸어야겠다. 그때 이 길을 걷는다면 지금처럼 우울하지 않고 내 마음이 더 따뜻해져 즐겁지 않을까.

2020. 11. 15.

귀족 사기꾼 법조인

檢事

제 기준에 맞춰가며 무조건 기소하고, 집단 권력을 위하여 사생결단, 성추행 성폭행은 내로남불 안 TG과 추악한 자들. 그러려고 죽을 뚱살뚱 공부했나.

判事

정권의 시녀 해바라기 판결, 유전무죄 무전유죄 명언이로세. 양 ST는 양심을 팔아 대법원장까지 오르고 대한민국 사법부가 최고 비리의 온상, 부끄러워하며 새롭게 태어나라.

辯護士

법과 정의는 법전에만 있는 말, 수임료만 존재하네. 김&장 법률사무소는 거대 기업.

그렇게 돈 벌려면 사업가가 되셨어야지, 가난한 자에겐 법과 정의가 부존재 하네.

귀족들은 전쟁 나면 나라 안 지키고 다 줄행랑치기 바쁜 똘마니, 을사오적 매국노보다 더 나쁜 인간들. 좋은 머리, 많은 공부 정말 아깝다.

노블레스 오블리지는 서민 사회와 이상향에만 있는 말, 너희들이 변해야 나라가 변하고, 세상이 변하여, 참 좋은 세상이 된다. 아그들아! 인간이 되거라! 참된 사람이 되거라!

자연으로 돌아가라. 불쌍한 대한민국, 독립운동한 선열들이 지하에서 통곡한다.

하기야 백성들을 버리고 비겁하게 저만 살겠다 도망친 왕과 대통령을 배출한 나라.

2021. 05. 20.

생매장

매스컴에 자주 오르던 신천지교회와 이만희 교주. 하도 세상이 어수선하여 내가 사는 지방의 으뜸 가는 J시 신천지교회를 현장 확인하고 싶었다. 부끄럽게도 처음 듣는 교회 이름이며 종파였다. 성전, 증거장막 등 거룩하고 살벌한 단어가 당혹스럽다. 주변은 사람 하나 없는 적막만 가득 차 있었다.

대구와 경북 지방은 아비규환이다. 전염병 대처 능력을 의심치 않을 수 없다. 대구 시장과 경북 도지사의 대응 능력을 의심치 않을 수 없다. 오죽했으면 정부 대응 차원에서 국무총리가 대구에 상주하며 위기 극복을 위해 고군분투하고 있지 않은가? 그만큼 엄중하고 예측 불가한 국가적 세계적 중대한 재난이기 때문이리라.

그동안 메르스, 사스, 에볼라, AI 등 바이러스 관련 신종 전염병이 창궐했었다. 혼란은 있었지만 슬기롭게 극복했었다. 중세 유럽을 초토화시킨 흑사병, 19C 유라시아를 휩쓸어버린 콜레라가 연상된다. 문둥병, 폐결핵도 인류의 큰 재앙이었다.

코로나-19 예방용 마스크 공급 방법이 매우 원시적이고 유치하다. 미리 대비치 못한 것은 이해한다. 이웃 중국 대륙의 어마어마한 사고이었기에 미리 대처했어야 했다. 생산량은 수출을 중단하고 비축했어야 했고, 현실 감각이 못 미치는 청와대와 행정부의 대처 능력이 매우 부족했다. 정책을 수립하거나 시행하는 공무원들의 경직된 사고가 이렇게 큰 재앙을 불렀다. 청와대 참모는 왜 있으며 무얼 하나? 편의점이나 약국에서 공급, 어린이도 웃을 일이다. 물량 부족과 시스템의 결여, 엉망진창이다. 정부 행정 조직을 총동원 배급제로 일시 긴급 전환했어야 됐다. 가구당, 인구별로 일정량 배정하여 공급하고 2중, 3중, 공급을 막았어야 했다. 우체국, 농협마트도 좋은 방법이나 최선책은 아니다. 엊그제 중앙 부처 관계관에게 몇 가지 마스크 공급 방법을 건의했더니 곧바로 정책으로 채택 시행하니 다행이다. 여러 가지 문제가 있음을 인정하나 정말 행정부는 순발력이 느리고 무능하다. 지금이 어느 시대인데…….

이 국난 중에 매점, 매석 사재기하여 부를 축적하려는 일부 악덕 업자와 유통업자. 정치꾼은 정치적으로 악용하여 선거에 이겨보려는 거대 야당 지도자들의 꼼수들, 거짓 가짜 뉴스를 살포 위기를 혼란시키는 유투버들, 참 한심하다 못해 분개한다. 뺨 싸대기를 쳐주고 싶다. 그들은 개돼지만도 못한, 신천지 교주나 신도보다 못한 사람이 아닌 악마들이다. 아직도 우리가 사는 이 세상에 그런 악마들이 존재한다는 것을 인정하고 싶지 않다. 이란은 마스크를 사재기한 사람을 교수형에 처한다고 공식 발표했다. 우리나라도 이런 때엔 초강력 대응이 필요하다. 이런 자들은 국민의 뜻을 받들어 국민의 이름으로 공권력을 발동, 가중처벌인 엄벌로 다스렸으면 좋겠다. 비단 나만의 뜻은 아닐 것이다. 조류 독감 확산으로 죽어간 수백만 가축들을 생매장 시킨 끔찍스런 광경을 잊지 못한다. AI바이러스 발생 시 수백만 마리의 소, 돼지, 닭들은 인간을 위하여 아무런 이유 없이 두 눈 부릅뜬 채로 커다란 웅덩이에 생매장을 당했다. 소름 끼친다.

현장 일선에서 최선을 다하며 땀 흘리는 의료 종사들과 관계 공무원들의 노고에 경의를 표한다. 부족한 마스크를 만들어 공급하고, 각종 구호 물품과 성금을 전하고 자원 봉사로 서로 돕는 국민의 사랑과 온정이 아름답다. 아직은 살아있는 대한민국이다. 절망은 없다.

우리 민족은 숱한 역경을 이긴 잡초 같은 슬기로운 민족이다. 위대한 나라 대한민국의 2020년 초봄 풍경이다.

2020. 03. 30.

캐리어(carrier)

저는 주인을 잘 만난 행운아입니다. 아이보리 얼굴을 가진 중간 크기의 캐리어입니다. 가난한 삶이지만 결코 누추하지 않고 고결하게 살고 있습니다. 늘 작은 것에 만족하고 감사하며 보람되고 즐거운 삶이지요. 이번에 세 번째 아프리카 여행, 이집트와 에티오피아를 중점으로 계획한 동북아프리카 여행을 본의 아니게 취소되어 많이 속상합니다. 오래전 남동부 10여 개국과 북서부 몇 나라는 돌아봤기에 어쩌면 마지막 아프리카 여행이라 생각했습니다. 그러나 십여 년 전 동북아프리카는 그쪽 여행국의 치안 관계로 발이 묶여 차일피일 미루다 어렵사리 계획했는데, 코로나19로 또 기약 없이 연기하게 되었습니다. 우리 주인님은 주머니가 얇은데 예약금 솔찬히 날릴 것 같네요. 해마다 두어 번, 한 달가량 지구촌 구석구석을 쏘다니는 역마살기 다분한 주인님은 무척이나 안절부절 답답해하고 있습니다.

나는 검정 색깔 중형 캐리어입니다. 엊그제 매스컴에 보도된 내용은 충격을 넘어 경악이었습니다. 젊은 재혼녀가 동거남의 딸, 즉 전처

소생 의붓자식을 훈육 차원에서 여행 가방에 가두어 죽음에 이르게 한 끔찍한 사건이었습니다. 내 동족은 엉겁결에 사형장이 된 셈입니다. 생명 존엄에 앞서 생명 경시, 아동 학대가 심화되어 가고 있어 우리를 슬프게 합니다. 요즘 사회는 너무 무섭고 삭막합니다. 기억 저편으로 잊을 만하면 심심찮게 경악과 공포에 휩쓸리게 합니다. 심장 쿵쿵거리며 피가 역류하는 처참한 소식들이 우리 모두를 오열케 합니다.

지난해 일어난 제주도 고유정 사건은 소름 돋는 흉악한 사건입니다. 매스컴에 공개된 모습은 착하고 가려린 인상의 여인이었는데 어떻게 그런 끔찍한 범죄를 저질렀을까요. 전남편을 유인 살해하고 시신을 토막 내어 바다에 뿌리고, 의붓자식을 죽인 끔찍한 사건을 돌아볼 때 괴기스러워 공포를 느꼈습니다. 사이코패스-정신분열증 환자가 아닐런지요.

삼 년 전 전주에서 발생한 다섯 살 고준희 양 사건도 우리를 분노케 합니다. 철모르는 어린 딸을 동거녀와 친부가 살해하고, 동거녀의 어머니와 함께 암매장하여 은폐한 사건입니다. 범행을 극구 부인하며 실종으로 일관한 파렴치한, 본디 인간은 이렇게 무서운 악마일까요?

창녕 계부 학대 사건은 더더욱 우리를 가슴 아프게 합니다. 풍요가 넘치는 우리나라에도 굶주리고 헐벗은 아이들이 많이 있음을 이제야 알았습니다. 아홉 살 소녀는 계부와 친모의 학대 속에 강아지처럼 목줄에 매이고 집안에 감금되고, 달궈진 프라이팬으로 손가락이 지져지는 불 고문을 받았습니다. 조선시대 의금부 추국장推鞫場을 연상케 합니다. 굶주린 배를 채우기 위해 연립 주택 창문을 넘어 베란다를 통해 4층 옆집에 잠입하여 음식을 훔쳐 먹고, 내의 바람으로 슈퍼에서 주린 배를 채웠습니다. 아홉 살, 마냥 즐겁고 행복해야 할 나이에 너무 끔찍한 기억을 간직한 슬픈 운명입니다.

포항 아동 학대 사건은 개인이 아닌 공익 법인에서 발생한 사건이라 충격은 더 큽니다. 집단 아동 학대 사건이라 더더욱 경악스럽습니다. 정부와 사회의 책임이 무척 큰 사건입니다. 국고로 운영되는 공익 법인에서 장애가 있는 어린이들을 집단으로, 그것도 장기간 학대가 이루어졌고 관리 감독을 하여야 할 행정관서의 책임 또한 간과할 수 없습니다. 총체적 부실과 책임입니다.

천안 계모 캐리어 사건은 톱뉴스감입니다. 9살 의붓아들을 별실에 감금치 않고 어떻게 그렇게 기상천외한 아이디어, 여행 가방-캐리어에 넣어 가둘 생각을 했을까요. 그것도 한나절도 아닌 하루 동안, 숨쉬기 힘들고 물도 못 마시고 똥오줌을 쌌겠습니까. 그도 모자라 짓밟아 뭉갰습니다. 개돼지 짐승늘에게도 이러진 않습니다. 열세 시간 감금했다는 것도 거짓, 반 밀봉 상태여서 산소 결핍으로 인한 뇌 손상, 처참한 죽음이었습니다. 보통 죽임을 집행할 때 고통을 덜어주려 가장 짧은 시간에 사형을 집행합니다. 뒤주에서 여드레 동안 물 한 모금 마시지 못하고 죽어간 끔찍한 우리의 포악하고 끔찍한 역사의 대표적 사건, 비운의 사도세자 뒤주 사건 생각이 났습니다.

이혼과 재혼으로 인한 가정 파괴와 아동 학대가 확산되는 추세입니다. 현대는 인정과 윤리 도덕이 메말라가고 있습니다. 집값 폭등 빈부격차의 심화 어려운 경제 생활로 인해 저출산과 결혼 기피 현상이 확대되고 있습니다. 그로 기인한 인구 감소와 노령화가 급속히 진행 중입니다. 국가 존립 위기 상황이 도래되었습니다. 핵가족 시대는 만연하여 한 세대 전 프랑스와 꼭 닮은 우리의 현실입니다. 정책의 빠른 전환과 대책이 절박합니다. 정신 못 차린 고위 공직자, 특히 국회의원들의 정신 개조가 절실한 때입니다. 세상을 확 바꿔야 할 때입니다. 천지개벽이 절실한 때입니다. 세상을 바꾸려면 사람을 바꾸고, 사람이 바뀌면 자연이 제도와 세상이 바뀝니다.

2020. 06. 20.

지역사회 진안의 무지개빛 꿈

봄 가뭄 탓만은 아니다. 작년 큰 과실, 물 관리를 엉망으로 한 수자원공사 용담댐 관리단의 탓이다. 지레 겁먹고 조기 방류해 버린 용담댐, 저수량 부족으로 댐 상류 바닥이 흉물스럽게 드러났다. 고향 집터와 어릴 적 꿈이 서린 상전면 소재지였던 터일마을과, 꽤 넓은 수동들이 치부를 드러냈다. 나도 몰래 시선을 돌린다.

용담댐은 진안군의 원흉이다. 일본 치하 시절부터 공사가 시작되었다 중단되고 다시 건설된 일명 용담댐, 이름뿐인 다목적 댐으로 건설되었으나 실상은 전라북도와 인근 지역에 식수를 공급하는 상수원댐이 되었고, 여유분은 농업, 공업용수로 사용토록 공급된다. 20세기 말 진안군의 동북으로 흐르는 비단 강, 금강의 물길이 막혀 민물고기의 생명 길을 막아버리고 생태계에 큰 변화를 시켰다. 진안군의 반에 가까운 5개 면과 1개 읍의 낮은 지역 대부분 수몰되었다. 그로 인해 15,000명의 수몰민이 발생하여 이산의 아픔을 겪었다. 고향 땅을 버리지 못하고 정착한 원주민, 농축산 임업과 내수면 어업에 종사하던 대부분 주민은 생계를 하루아침에 날리고 가난의 굴레를 쓰게 되었다.

지난 4월 대선이 끝나고 6월 1일 지방 선거가 끝났다. 이번 투표처럼 고심해보기는 처음이다. 후보자들 면면과 공약을 세밀히 살펴 분석했으나 확 땡기는 후보자가 없었다. 낙후되고 경제력이 약화되어 늙어 소멸 위기에 처한 고향, 지역 발전과 진화를 위한 획기적인 공약과 이슈가 없었기 때문이다. 지방자치단체장을 비롯하여, 광역 의원 기초 자치 단체 의원이, 대폭 물갈이를 했다. 3선은 하나 없고 재선까지가 끝이었다. 그들이 과연 임기 중 무얼 하였는지 깊이 반성하고 속죄하여야 할 것이다. 개표 결과는 그동안 민심의 바로미터다. 군정과 의정이 미덥지 못했던 결과로 판단한 결과물이었다. 새로 당선된 인물들은 엄밀히 말하면 다 초선이다. 옛말에 '초심을 잃지 말라"는 말이 있다. 임기 내 본인의 이름과 명예를 걸고 뭔가 한 가지 독특한 업적을 이뤄야지 않겠는가? 자리와 명예를 지키며 세월만 보내는 공직자가 절대 되지 말고 후세에 이름을 남기는 그런 분들이 되기를 진정 바란다. 임기는 최장 재선, 8년이라고 깊이 새겨 군정과 지역사회 진화를 위해 헌신 봉사로 이끌어 주길 소원한다. 그냥 세월만 보내면 군민들의 선택을 절대 다시 받을 수 없다.

전북은 산과 강들이 조화롭게 형성된 멋들어진 땅이다. 그 중 진안은 호남의 지붕 격인 고원으로 산기슭과 강변에서 소득을 올리며 살아온 자연 친화적 청정한 고장이다. 산 높고 강이 유장하여 농 · 산촌이며 강촌이다.

나는 수몰민이다. 한국전쟁 때 북에서 내려온 피난민보다 더 불행한 사람이다. 본의 아니게 꿈 많고 신비롭던 청소년 시절의 추억을 수

장시킨 죄인이 되었다. 피난민은 고향 땅을 밟을 희망이 있으나 수몰민은 그런 소박한 꿈마저, 간절한 희망조차 없다.

전라북도가 여들 없는 새만금 개발에 발 묶여 한 세대를 허비했듯, 그동안 진안은 마이산 케이블카 사업에 매달려 십수 년간 발전이 막혀왔었다. 그 이유는 엉뚱한 정치적 발상이 해결 가능한 보편타당한 계획을 짓누르며 추진했기 때문이다. 이제 마이산 케이블카 설치 사업은 백지화되었다. 필자는 수년 전부터 마이산 관광 개발 사업으로 미니 산악 열차나 모노레일 설치, 경비행기와 헬기 투어를 주창, 중앙정부 담당 부서와 지방 자치 단체장과 몇몇 의원들에게도 여러 번 필요성을 제안하고 역설했었다. 중앙 실무자를 개인 자격으로 초청하여 현지실사도 마쳤었다. 오래전 구체적인 사업계획을 군 개발 아이디어 제안 공모안에도 제안했었다. 그 제안서는 지금도 군 기획실에 남아 낮잠을 자거나 사장됐을 것이다. 담당 주무관과 구체적인 사업계획 검토도 여러 차례 했었다. 그런데도 군수와 담당자가 여러 번 바뀌니 유야무야다. 이게 바로 우리 지역의 서글픈 자화상이며 현실이니 안타깝기 그지없다. 여러 채널을 통해 필요성을 알리고 참신한 아이디어라 격려도 많이 받았었다.

용담댐 축조로 약화된 군세를 늘리기 위해서는 마이산을 중심으로 한 항공 관광산업 개발과 확대다. 천혜의 청정 자연 조건을 이용한 레저 산업, 웅치 전적지 성역화 사업, 천반산과 정여립을 이용한 역사 문화 확대 사업, 많은 산과 강을 이용한 힐링-웰빙 산업, 문화 예술 증대에 의한 문화 예술 창조와 확대, 댐 축조로 금강 주변에서 잃은 것을 용담댐 주변에서 찾아 소득을 올려 피폐해진 지역민들의 생활

안정을 꾀하여야 한다. 20여 년 전에 주창한 사업들이 이제 하나둘 기지개를 켠다. 너무 늦었다. 다목적 댐이건만 아무런 사업도 할 수 없는 상수원 보호구역에 발 묶여 언제까지 지역민들을 구속한 청정 물 지킴이 노릇만 하고 있어야 하는가?

구체적인 사업 확대 방안과 추진 계획은 무궁무진하다. 하려고 하는 의지와 참신한 아이템이 필요하다. 지역민의 적극적 협조가 절실하다. 우리 후손들에게 보람된 고향을 남겨주기 위해서라도 통큰 변화와 진화가 절실하다.

2022. 06. 30.

제5부

스포츠와 함께

이빨에 땀이 나도록

그녀는 역시 걸물, 걸출한 스타, 아니 괴물이었다. 올림픽 기간은 꿈같은 시간이었다. 센스 넘쳐 기자들에게 즐거움을 주는 그녀도 사람인지라 숙연했다. “지금 이순간이 가장 기억에 남을 것 같다.”던 김연경. 8일 폐막한 도쿄 올림픽 여자 배구 동메달 결정전에서 세르비아에 3:0으로 패한 대한민국. 평균 신장이 5cm나 큰 상대편 선수들에게 승리의 축하를 해주는 모습은 의연했다. 경기에 지고 풀죽어 굳어있는 열한 명 동료 선수들에게 “우리는 웃어도 된다. 웃을 자격이 있다.”며 일일이 안아주고 격려하는 모습은 주장 최고의 리더십이었다. 감독을 비롯한 전 스태프와 뜨거운 포옹으로 그동안의 노고와 회한을 다독이고 있었다. 주장으로서 의무와 책임을 다하고 플러스알파를 추구하며, 언제나 팀과 경기가 최우선이었던 팀 코리아의 환상적인 주장 철녀 김연경, 그녀의 눈에는 만감이 교차하는 듯 눈시울에 눈물이 촉촉이 젖어있었다. 가슴이 먹먹하고 묘한 감정의 소용돌이 속으로 빠져들었다. 사실상 국가 대표 주장으로서 은퇴나 다름없는 인터뷰였다. 1976 몬트리올 올림픽에서 나는 새 조혜정이 주축이 된 여자 배구 대표팀은 사상 최초 동메달을 획득했다. 그래서 45년 만에 꼭 동메달을 따고 싶은 속내를 보이기도 했었다. 2012 런던 올림픽에서 일본에 져 동메달을 잃은 것을 몹시 서러워했었다. 불가능을 가능으로 뒤바꿔 신화를 쓴 이번 올림픽은 그녀에겐 천추의 한으로 남을 것이다.

17살이던 여고생 때부터 태극 마크를 가슴에 달고 16년이란 생의 절반을 여자 배구 국가 대표 에이스로 맹활약했다. 그리고 국위를 선양하고 전 세계 배구계에 큰 족적을 남겼다. 2012 런던 올림픽 4강과 MVP의 신화를 만들었고, 2014 인천 아시안게임 금메달, 2016 리우 올림픽 8강, 2020 도쿄 올림픽 4강 등 굵직한 성과를 이루는데 단연 주역, 히로인이었다.

그녀는 한때 키가 작아 배구를 그만두려 했었단다. 벤치 신세를 지며 지독스레 연습과 훈련을 한 결과, 어느 해 신의 축복인 듯 키가 죽순 크듯 자라 192cm의 장신 선수가 되었단다.

남자 배구, 남자 농구는 지역 예선을 통과 못 해 본선 진출이 막혔다. 코로나19로 1년 연기된 올림픽, 그사이 과거 학교 폭력 사태가 발발, 주전 국가대표 에이스 L 쌍둥이 자매가 국가 대표에서 제외되는 불상사가 일어났다. 대표 팀의 크나큰 손실이었다. 전력이 현저히 약화된 대표 팀은 우여곡절 끝에 가까스로 본선 12개국에 막차를 탔다.

런던 대회에서 스물셋 김연경은 메달권 밖 4위를 하고서도 금메달 팀에서 선정되는 최고의 영예인 MVP와 올스타 공격수에 선정되었다. 그 뒤 일본과 터키, 중국 리그에서 세계 최고의 선수로 거듭났다. 세계 최고의 연봉을 받으면서도 마지막 올림픽 동메달을 조국에 바치기 위해 외국의 고액 연봉제의 스카우트를 마다하고, 국내 친정팀의 적은 연봉에 개의치 않고 국내 복귀의 결단을 내린 통큰 인재였다. 물론 코로나 영향도 작용했다.

여자 배구는 2012년 런던 올림픽 이상으로 감동을 주었다. 예선 A조 1차전은 아프리카 강호 케냐를 3:0으로 물리쳤다. 2차전은 중남미의 강호 도미니카공화국, 우리보다 6단계 높은 세계 랭킹 7위인 나라이며 중남미인 특유의 탄력과 유연성이 좋은 팀이었다. 접전 끝에 3:2로 꺾었다. 3차 세르비아전은 4강에서 만날 확률이 높아 주전을 빼고 작전상 2진 선수들로 대응, 3:0으로 패했다. 전력의 약세도 있지만 일본을 이기기 위한 배수진이며 주전들의 휴식과 체력 보강의 고차원적 전략이었다. 1진과 2진의 실력 차이가 너무 컸기에 어쩔 수 없는 선택이었을 것이다.

대망의 4차전, 한일전은 어떤 종목의 경기와 마찬가지로 생과 사다. 이기면 본전, 지면 역적이 된다. 늘 껄끄러운 상대 라이벌이다. 역시 풀세트 접전이었다. 4세트까지 2:2 무승부, 승부는 5세트 12:14로 2포인트 뒤진 풍전등화였다. 팀의 리더 김연경은 허벅지 핏줄이 터지는 투혼을 발휘, 양 팀 최고인 30득점을 올렸다. 절체절명의 상황에서 역전시켜 위기를 극복, 듀스 끝에 16:14로 기적 같은 역전승을 일궈냈다. 세상에 단 하나뿐인 한일전, 선수들의 부담감은 다른 나라와의 경기보다 몇 배에 이른단다. 올림픽 개최국 일본의 심장 한복판 도쿄에서 복수의 비수를 꽂았다. 런던 대회 패배의 아픔이었을까? 원한이었을까? 극적인 역전승은 배구 역사상 최고의 명승부로 남을 것이다. 우리 국민이나 상대국 일본 팬에게도 영원히 각인된 국보급 명경기이리라. 현실은 신화가 되었고 드디어 대망의 8강에 진출하였다.

터키는 세계 4위 최강팀 중 하나다. 김연경은 터키 리그에서 오랫동안 선수 생활을 해왔기에 한식구나 다름없었다. 그녀는 터키 선수들에게 완전 노출되어 있었다. 그러나 우리 팀 선수들은 김연경만이 터키 리그를 경험했기에 그들의 속내를 알 뿐 다 국내 리그 선수들이다. 신체적 조건도 터키에 열세다. 그러기에 김연경은 터키 선수 개개인 정보와 작전을 동료 선수들과 코치진에게 속속들이 비책을 알려줬을 것이다. 선수 간 정보 면에선 우리나라가 단연 열세였다. 우리 선수들은 김연경만 해외 리그를 경험했을 뿐, 세트스코어 2:2. 피를 말린다. 위기에선 선수들을 격려하고 때론 다그치고 카리스마가 여간 아니다. 어떤 때는 눈빛에서 독기 서린 살기가 돈다. 5세트도 뒤지며 엎치락뒤치락, 14:13으로 진땀이 난다. 한 점 얻으면 이기고 한 점 잃으면 듀스다. 초긴장 상태가 이어지며 적막이 흐른다. 김연경의 대각선 스파이크가 터키 진영 코트 플로어에 꽂혔나. 15:13, 아니나 나를까 역시 마무리와 위기 탈출은 김연경에서 이루어진다. 우리 전 스태프와 선수가 코트에서 환호했지만, 상대 터키는 망연자실 격랑의 늪으로 휘말려 들었다. 역대 전적이나 랭킹에서 우리는 터키에 절대 열세였다. 천신만고 끝에 승리했다. 눈물 흘리는 터키 대표선수들을 보며 가슴 짠했다. 옛 동료였고, 김연경을 사랑한 터키 팬들의 마음은 어떨까. 승부의 세계는 냉혹한 법, 신은 우리 편이었다. 8강전 터키전은 역전의 휴먼 드라마였고 김연경 선수의 지혜의 산물이었다.

세계 2위 브라질 전은 속수무책이었다. 고무공처럼 탄력적이고 파워 넘치는 힘과 기를 겸비한 브라질은 가공할 위력의 팀이었다. 모든 면에서 조족지혈 열세였다. 브라질을 이기려 꿈도 꾸지 않았다. 그저 동메달 3등이 꿈이었다. 고른 실력을 갖춘 브라질, 우리나라는 개개인 실력 차가 너무 크다. 김연경 같은 선수가 서너 명은 있어야 대등할 것 같다. 3:0 완패, 그러나 결코 부끄럽지 않다. 그게 냉혹한 현실이고 정답이다.

그녀를 배구의 여신, 여제라 호칭하는 그만한 이유가 있었다. 김연경은 일인 다역을 하는 만능 팔방미인 엔터테이너다. 1인 6역을 한다. 공격수, 수비수, 주장, 때로는 감독, 코치, 외국어가 되니 심판에게 이의 신청 등을 직접 하며, 리더로서 다재다능한 선수다. 그는 현명한 쌈닭이다. 매 경기 30점 내외를 득점하니 상대편의 집중 마크를 받는다. 라이트 공격수가 없으니 더욱 그렇다. 그러니 게임을 풀어내며 득점을 올리기란 여간 쉽지 않다. 팀의 의존도가 너무 높아 체력 소모가 심하다. 그러나 고비와 위기 때마다 혼신을 다해 득점으로 반전, 대세를 국면 전환하여 위기를 극복하고 포효한다. 카리스마와 훌륭한 리더십으로 원팀 주장의 역할을 120% 이상 목표 달성한다.

런던 올림픽의 주역이던 그녀는 김수지, 양효진, 오지영과 나이가 30대 중반에 가깝다. 아마 이번이 마지막 국제무대이려니 싶다. 서른의 세터 염혜선은 후배 이다영에게 가려 만년 후보 선수이었으나 이번 대회에 비약적인 발전으로 만개, 김연경과 환상의 콤비 플레이를 구사했다. 이재영과 부상으로 제외된 젊고 싱싱한 공격수 강소휘의 이탈로 약해진 라이트 공격수의 빈자리가 퍽 아쉬웠다. 부상 중인 김희진이 고군분투 제몫을 다했다. 늘 차분한 차세대 주역 박정아의 활약은 눈부시게 빛났다. 리베로 조그만 오지영의 리시브, 거인 스파이

커들의 강타를 뒹굴며 받아내는 게 신기했지만 안쓰럽고 불쌍했다. 그래도 늘 미소 천사이니 예쁘기 그지없었다. 우리 배구 선수들은 큰 체격임에도 한결같이 미소가 아름답고 예쁘다. 젊은 차세대 주역 유망주 코리안 리그 MVP 강소휘의 부상, 학교 폭력으로 국가 대표에서 제명된 쌍둥이 자매 L 선수, 이들의 이탈이 없었다면 동메달의 한을 풀지 않았을까 하는 아쉬움이 진하게 남는다.

국가 대표 주장을 맡은 김연경 선수를 국보國寶라고 칭하고 싶다. 스포츠를 흔히 각본 없는 드라마라 일컫는다. 그는 분명 연출가다. 인터뷰 할때 연출한 것처럼 말도 잘한다. 겸손과 용기가 배어있다. 상대를 충분히 배려한다. 착한 심성과 기본이 되어있는 선수다. 평생 운동을 위해 투자한 만큼 인생 공부, 자기 계발에 게으르지 않았다는 증거이다.

한일전에 임할 때 "오늘 단 하루만 산다는 각오로 혼신을 다 하겠다."는 기자 회견은 비상미悲壯美로 소름을 돋게 했다. 전장에 나가 목숨을 바치겠다는 비장한 혈서나 다름없다. 앞으로 당분간 여자 배구의 인기가 하늘을 찌를 것이다. 반면 야구와 축구는 시들할 것 같다. 우승팀 미국은 가공할만한 위력의 팀이었다. 결승전에서 준 우승팀 브라질을 3:0으로 셧 아웃시켰다.

이번 도쿄 올림픽 절정의 감동은 세계 최고의 스타 김연경이 이끄는 대한민국 여자 배구 국가 대표 원팀이었다. 그녀는 이빨에 땀이 나고, 허벅지에 실핏줄이 터지고, 온몸에 멍들고 진이 다 빠질 때까지 코트에서 뛰고, 때리고, 받고, 뒹굴며, 대한민국 여자 배구 동메달을 위해 목숨을 바쳐 혼신을 다했다. 삼가 존경스럽다.

살아온 지난 날 나의 삶 인생길을 돌이켜 본다. 과연 매사에 얼마나 열심히 노력하고 끈기있고 성실했을까 자문해 본다. 김연경 선수의 반만큼, 아니 10%쯤 최선을 다했을까? 자괴와 회한 뿐이다.

바라건대 훗날 선수 출신 IOC 위원이 되어 세계 스포츠 분야에 큰 업적을 남기기를 기원한다.

2021. 08. 10.

금메달보다 더 찬란한 철메달(4위)

말도 많고 탈도 많던 제32회 도쿄 올림픽이 끝났다. 코로나19로 1년간 연기한 올림픽을 재 연기하거나 아예 취소하자는 절반의 의견과, 강행하려는 일본 정부와 올림픽 위원회(IOC)의 강력한 의지의 충돌과 마찰 때문이었다. 전염병 확산과 무 관중 경기, 후쿠시마 원전파괴로 방사능 오염과 확산, 무더위로 인한 선수 보호와 안전 때문이었다. 그로 인하여 선수와 임원 관련 관계자는 불안에 떨며 올림픽을 치르고 폐회를 맞았다. 전대미문의 무관중과 함성 없는 경기, 우여곡절 끝에 올림픽은 개막되었다. 국적, 성별, 나이, 종목에 관계없이 열정과 투지로 젊음의 잔치는 지구촌 반쪽 축제가 되었다. 결과물은 변변찮았으나 감동은 두 배 이상이었고 희망의 서광을 보았다.

우리나라는 금 6, 은 4, 동 10, 총 메달 20개를 획득 16위를 달성했다. 당초 목표치 10위를 금메달에서 뒤져 훨씬 못 미쳤다. 근래 올림픽 대회에서 최하위 저조한 성적으로 마감했다. 지난 2012년 런던 올림픽을 정점으로 엘리트 체육이 사양길을 걷고 있다. 아시아권에서 항상 중국과 일본 다음이었는데 이번 대회는 엄청난 차이로 뒤처졌다. 금메달 2/3인 4개를 양궁에서 획득하고 체조와 펜싱에서 각각 1개씩 얻었다. 종주국이라 자부하며 오만했던 태권도에선 연속 두 대회 노 골드의 참패를 당했다. 협회와 선수들은 깊은 성찰과 반성이 있어야겠다. 이웃 일본은 유도의 종주국답게 하나 모자란 금메달 싹쓸이를 했다. 여자 골프에서 노메달은 큰 아쉬움이었다. 전 리우 대회 우승국으로 디펜딩 챔피언을 보유하고 세계 랭킹 10위 이내 박인비, 고진영, 김세영, 김효주 네 선수가 출전했으나 메달 획득은 기대에 부응치 못했다. 여자 골프 최강국 우리나라는 미국과 같이 4명이 참가한 유이한 국가였다. 미국, 뉴질랜드, 호주 대표 선수에 한국계가 유독 많이 눈에 띄는 것은 긍지일까? 수치일까? 골프란 시간, 날씨, 나흘간의 변수가 많은 경기라 행운도 따라야 한다. 올림픽 경기는 주최국의 이점은 있으나 206개 참가국 가운데 지정학적으로 일본과 가장 가까워 유리한 조건은 우리나라였다.

스포츠 경기는 개인전과 단체전으로 구분되다. 개인전은 자신과의 싸움이지만 단체전은 협력과 조화를 생명으로 시너지 효과를 극대화시켜야 한다. 경제력이 뒤떨어졌던 시절에는 격투기를 중심으로 개인 경기인 권투, 레슬링, 태권도, 유도 종목이 메달밭이었다. 국가와 개인의 경제력이 좋아지면 험난한 운동을 기피하고 메달 획득에서 멀어져 갔다. 양궁이 올림픽 종목으로 채택된 이래 9연패한 여자 단체전, 신궁의 경지에 이른 양궁 종목이 없었더라면 이번 대회에 어찌되었을지 생각하기조차 끔직하다.

스포츠는 남성과 여성, 성별로 구분되어 펼쳐진다. 자연의 이치일까. 21세기에 이르러 양성평등 사상에 힘입은 탓인지 혼성 경기가 늘어나는 추세다. 탁구와 배드민턴, 테니스, 피겨 등 몇몇 종목이 있다. 올해 처음 치러진 양궁 혼합 복식이 그렇다. 안산 선수와 김제덕은 첫 금메달의 주인공이 되었고, 약관 20살 안산 선수는 올림픽 첫 출전에 이번 대회 우리나라 유일한 금메달 3관왕의 주인공, 신데렐라가 되었다.

우리나라는 남자보다 여자들이 운동을 더 잘하는 것 같다. 세계적인 선수도 압도적으로 많다. 특히 양궁, 골프, 쇼트트랙은 세계 제일이다. 김진호나 김수녕 등 유명 양궁 선수들은 제쳐 놓더라도 구기 종목에서 농구의 박신자, 박찬숙, 배구의 조혜정, 김연경, 골프의 박세리, 김미현, 신지애, 박인비, 역도의 장미란, 피겨스케이팅의 김연아. 쇼트트랙 선수는 하도 많아 그 이름들을 거론할 필요조차 없다. 기라성 같은 세계적 스타들이 탄생하여 국위를 선양했다.

대회 운영상 모든 경기는 대륙별 예선 선발을 거쳐야 본선에 참가한다. 특히 국민 스포츠 축구는 치열하다. 축구는 작전의 실패였다. 대표 선수 선발과 선수 기용에서 허점이 많았다. 첫 경기 뉴질랜드에 패한 예가 그렇고 8강전에서 멕시코에 참패한 예가 그렇다. 전적으로 감독의 책임이다. 명장 김학범 감독의 첫 판단 착오가 본인과 선수, 국민에게 큰 실망과 상처를 주었다.

축구에 비해 참가국이 적은 야구는 더 큰 치명적 쇼크를 주었다. 대표 선수 선발 과정부터 삐걱거렸고 코로나 확진과 음주 운전, 폭력 등으로 이상 소음이 나더니만 초라한 성적을 거두고 귀국했다. 객관적으로 야구 원조 미국이나, 야구 선진국 일본을 이길 순 없다. 그동안 큰 대회에서 이길 수 있었던 것은 선동열, 박찬호, 유현진, 김광현, 이종범, 이승엽 같은 슈퍼스타가 있었기 때문이었다. 미국과 일본은 A급 선수가 아닌 B급 선수로 대표팀을 구성한다. 이번 야구 대표팀은 투지나 열정 승리에 대한 목마른 갈증이 없었다. 스타급도 경험 많은 선수도 적었고 그들의 조화 또한 부족했다. 여자 배구 선수들처럼 위기를 슬기롭게 극복하는 리더도, 스타도, 영웅도 없었다. 협회와 감독 선수들의 공동 책임이다. 단 몇몇 선수들의 고군분투를 안쓰럽게 지켜봐야만 했다.

3년 뒤 제 33회 파리 올림픽에 기대를 건다. 영롱하고 찬란하게 피어오르는 양궁의 안산, 김제덕, 수영의 황선우, 체조의 여서정, 탁구의 신유빈, 다이빙의 우아람, 스포츠 클라이밍 서채현, 높이뛰기 우상혁, 금 · 은 · 동메달 보다 더 값진 철메달, 빛나는 4위와 신기록 달성 선수들. 그들에게서 미래의 젊음과 찬란한 희망의 영롱함을 보았다.

비인기 종목 선수들은 인기 종목과 비인기 종목 사이에서 갈등하고 좌절한다. 그들에게서 찐한 슬픔을 읽는다. 고독한 자신과 주변과의 처절한 싸움, 그 싸움에서 이기는 자만이 진정한 금메달 획득자다. 인생 패배자 아닌 진정한 승리자다.

국가 대표는 영예롭고 고독한 자리다. 긍지와 자부심이 있지만, 극도의 부담감 속에서 살아가야 한다. 온갖 시련과 역경을 이겨야 한다. 그에 대한 보상 또한 영광스런 훈장이다.

뭐니 뭐니 해도 진한 감동은 진정한 스포츠 근대5종의 정진화와 전웅태 선수다. 근대5종 경기는 근대 올림픽 창시자 쿠베르탱 남작이 창안한 경기 종목이다. 펜싱, 수영, 승마, 육상, 사격 등 5개 종목의 경기를 합산해 순위를 가리는 진정한 종합 스포츠다. 중세까지의 전형적 전사들의 표본일 것이다. 만능 엔터테이너 최고의 스포츠맨이다. 그들은 동료이며 동반자인 동시에 선후배이며 경쟁자였다. 그들은 결승선을 통과한 뒤에도 마음은 편치 않았을 것이다. 특히 감독은 더 할 말을 잊었을 것이다. 바램은 둘 다 메달을 땄다면 얼마나 좋았을까. 그렇게 예상했었다. 스포츠는 예상을 불허하는 법, 예상 밖 막판 이집트 선수의 총알 같은 출현으로 동반 메달의 꿈은 한순간에 포말처럼 사라졌다. 결승점을 얼마 안남기고 2위를 달리다 4위로 처진 백전 노장 정진화 선수, 마지막 올림픽인 그가 한 말 "웅태야, 네 뒤에 들어와 맘 편했다." 동메달을 딴 후배 전웅태 선수는 뒤따라 들어오는 선배 정진화 선수를 껴안으며 "형 수고했어, 고맙고 미안해!" 이 얼마나 감동적인가. 이 보다 더 진한 감동은 없었을 것이다. 가슴이 먹먹했다. 전웅태는 금 · 은을 노렸고 정진화는 동메달을 노렸단다. 둘은 경기 전 4등은 절대 하지 말자고 굳게 약속했단다. 이 무슨 가혹한 시련일까. 하지 말자던 4등을 형이 하였으니. 3등과 4등은 하늘과 땅이며 동시에 백짓장 한 장 차이다. 동메달은 후배가 땄지만 후배의 길을 10년 넘게 열고 닦은 것은 선배였다. 정진화 선수는 오랜 선수 생활로 부상에 시달렸고 진통제를 먹고 경기에 임했다 한다. 이 얼마나 우리의 가슴을 비참하게 하는가? 신은 가혹할 뿐이다.

올림픽 마라톤 2연패에 빛나는 케냐의 킵초케, 위대한 전설의 맨발 마라토너 에티오피아의 비킬라 아베베와 같이 전설의 신이 되었다. 케냐에서 귀화한 마라톤 선수 오주한의 초반 기권은 씁쓸했다. 민족의식 한민족의 혼과 끈기가 없었기 때문일 것이다. 오른팔 없이 왼팔

하나로 탁구를 한 폴란드 국가 대표 나탈리 파르티카의 역동적 모습은 감동 그 이상의 울먹임이었다. 장애인 올림픽 선수로도 출전이 가능하겠지만 비장애인 국가 대표가 된 것은 숭고한 인간 정신과 불굴의 인간 승리의 표본이었다.

올림픽에 참가하여 혼신을 불태운 모든 대한민국을 대표한 국가대표 선수들의 노고를 치하하며 사랑과 경의를 표한다. 앞날 무궁한 행운과 발전, 진화를 기원한다.

금메달 황금색보다 회색 철메달 4등을 한 선수들의 무색깔이 더 찬란하고 영롱하게 빛난다.

2021. 08. 09.

카타르(Qatar) 월드컵-2022

자정 무렵 인천 공항을 떠난다. 2022 월드컵이 열리는 중동의 작은 나라 카타르로 향한다. 공교롭게도 2022 피파(FIFA) 월드컵 트레이드 마크 공식 파트너 항공사, 카타르 항공에 몸을 실었다. 카타르는 무슬림의 양대 강국 사우디아라비아와 이란 사이의 페르시아만灣 안에 있는 섬처럼 반도같이 튀어나온 작은 나라다. 경상남도 만한 국토에 인구도 비슷한 270만 정도의 나라다. 자주 오가는 유럽 항로이며 야간이라 통로 측에 자리잡고 책을 보다가 잠이 들었다. 여명 무렵 이란 상공을 지나 페르시아만을 건너 카타르의 수도 도하 공항에 접근한다. 황량한 사막의 나라 이곳저곳에 새로 신축한 월드컵 경기장 여러 개가 햇빛에 반짝인다. 수도인 도하 시市는 코발트빛 바다를 끼고 오아시스처럼 돋보인다. 10여 년 전 피파가 2022 제22회 월드컵 개최국으로 카타르가 결정될 때 전 축구인과 세계가 깜짝 놀랐다. 사실 카타르란 나라가 생소하였으며 어디에 있는지조차 잘 모르는 사람들이 많았기 때문이다.

신생 산유국으로 오일 달러에 힘입어 아시아에선 두 번째, 중동 이슬람국가로선 처음으로 월드컵 개최국이 되는 영광을 얻었다. 또한 겨울철 대회를 개최하는 최초의 나라가 되었다. 당시 국제 축구 연맹 회장인 스위스 출신 제프 블래터와 유명 축구선수 출신인 부회장 프랑스의 플라티니, 프랑스 대통령 사르코지, 아시아 축구연맹 회장 모하메드 카타르 왕세자 등이 모종의 밀약과 뇌물 스캔들로 세상이 들끓었었다. 유력한 개최 신청 후보국인 미국, 일본, 한국, 호주를 제쳐 세상을 깜짝 놀라게 했었다. 자존심을 확 구겨 큰 충격과 상처를 받은 미국은 블래터와 관련자들의 비리를 밝혀 직위를 박탈하고 피파에서 퇴진시켰다.

제17회 2002 한 • 일 월드컵도 중진국과 선진국인 한국과 일본이 공동 개최하지 않았던가. 2002 월드컵 때 우리는 어땠는가? 온 국민과 붉은악마는 '아! 대한민국 짝! 짝! 짝!'을 목청껏 외치며 응원한 보람으로 4강 신화를 이룩했었다. 21일부터 잠 못 이루는 불면의 밤이 될 것이다. 온 지구촌이 들썩거리며 용광로처럼 불타오를 것이다. 수많은 스타가 탄생하여 뜨는 해가 될 것이고, 유성처럼 사라지는, 지는 별도 있을 것이다. 축구 마니아인 내겐 4년마다 맞는 축제이기도 하다.

2022 카타르 월드컵을 걱정하는 사람도 많다. 천문학적 돈을 투자한 결과물을 얻을 수 있을까? 자원의 낭비를 가난한 이웃과 인류에게 돌려줘야 한다는 여론의 뭇매를 맞기도 했었다. 월드컵이 끝난 뒤 무용지물이 될 경기장과 호텔 등을 사막 위에 건축할 필요성이 있느냐에 대한 의구심 때문이었다. 자연환경과 전 세계 여론을 무시한 카타

르의 욕망과 허영의 산물인 것이다. 10여 년간 경기장 8개를 건설하며 가난한 이주 노동자들이 6,500여 명이나 사망했고 수만 명의 부상자가 발생했다. 인간의 존엄과 생명을 경시하는 것은 결코 스포츠 정신과 월드컵 이념이 아니다.

우리나라를 넘어 세계 최고 축구 스타, 월드컵 국가 대표 주장인 손흥민 선수의 부상 소식이 마음을 무겁게 한다. 최고의 선수들을 보유했건만 왠지 벤투 대표팀 감독이 미덥지 않다. 대표팀과 선수들 개개인의 특성을 가장 잘 알고 있겠지만 선수 기용과 전략이 단순하고 모호하다. 고집스러워 융통성과 지략이 부족한 것 같다. 역대 최고급 선수들을 보유하고 역대 대표팀 감독으로 가장 오래 재임했지만, 그동안 성적이 만족할 만한 수준은 아니다. 2002의 영웅 감독 거스 히딩크에 비교하지는 않겠다. 그러기에 큰 기대를 하지 않는다.

나는 우승 후보국으로 영원한 우승의 나라 축구 황제 펠레의 조국 네이마르가 버티는 브라질, 축구계의 신적인 존재 니오넬 메시의 현란한 아르헨티나, 축구를 예술의 경지로 진화시킨 차기 황태자 음바페를 뽐내는 디펜딩 챔피언 프랑스, 손흥민의 파트너 해리 케인이 주장을 맞고 있는 축구 종주국 잉글랜드, 이 네 나라 중에서 우승국이 나올 것으로 예단한다.

축구란 스포츠 중에 가장 많은 선수들이 응집하여 최고의 시너지 효과를 내는 운동경기다. 손흥민과 이강인, 김민재 선수에게 특별한 희망을 건다. 그러나 어느 한 사람이 잘해서 승리하는 경기가 아니다. 26명 선수와 코치진, 지원팀, 오천만 온 국민의 열화 같은 응원이 절대 필요하다. 적극적 의지와 투지가 은근히 녹아들 때 성적의 진화가 있을 것이다. 명석한 조직력을 발휘 큰 부상 없이 경기에 임해 유종의 미를 기대한다. 16강을 넘어 8강까지 진출한다면 야 금상첨화 아니겠는가. 줄리메(피파)컵이여 영원 하라!

2022. 11. 20.

총사령관(일본 감독 : 한국 감독)

오늘 새벽 기적이 일어났다. 우리나라엔 국보급 세계적인 스타플레이어 축구 선수 손흥민이 있었다. 절망적인 상황에서 그것도 로스타임 6분 중 4분을 남기고 부상 투혼을 발휘했다. 주장으로서 스트라이커로 세계적 스타로서 볼만 잡으면 벌 떼처럼 달려 붙어 포위하는 상대 팀 선수들, 이겨낼 재간이 없다. 풍전등화, 나 역시 절망적이라 기대하지 않았다. 안면 보호대를 쓰니 자연 시야가 좁아지고, 부상에 대한 두려움은 공포로 변한다. 혼신을 다해 총알같이 달려가 7명의 수비에 갇힌 채 수비수 가랑이 사이로 패스, 황희찬 선수가 역전 골을 성공시켰다. 두 선수의 부상 투혼이 이룩한 거룩한 작품이었다. 축구가 아니라 축구 예술 작품이었다. 남미의 강호 우루과이를 지옥의 나락으로 보내고, 호날두가 주장인 축구 강국 포르투갈과 H조 2위로 16강 진출을 이뤄냈다. 2010년 남아공 월드컵 허정무 감독이 이룬 후 12년 만이다. 어찌 감격스럽지 않을까.

뭐니 뭐니 해도 이 지구상 가장 큰 축제는 월드컵이다. 단일 종목

축구란 스포츠 경기 월드컵은 국가 대항 올림픽 경기보다 훨씬 비중이 큰 인기 스포츠다. 이 기간 동안 온통 지구촌이 용광로처럼 뜨겁게 들끓는다. 오죽하면 피파FIFA 회원국이 유엔 회원국보다 많을까. 23회 월드컵이 열리고 있는 중동 카타르는 한여름이지만 대부분 국가는 겨울이다. 겨울 월드컵도 1세기 가까운 월드컵 역사상 최초란다.

어제 새벽에도 기적 아닌 기적을 보았다. 이웃 일본 축구가 지구촌을 뒤흔들며 전 세계인들을 열광시켰다. 2년에 걸쳐 치열한 예선을 치르고 본선에 오른 32개국, 제비뽑기를 해 네 나라씩 한 조가 되어 8개 조로 편성된다. 조별 리그전을 통해 1~2위 팀이 16강에 오른다. 축구 전문가 등 대부분 사람은 이번 최강 죽음의 조로 E조를 선정했었다. 언제나 세계 최정상급 스페인과 독일, 아시아의 강국 일본, 북중미의 강호 코스타리카 등이다. 일본은 세계 축구 강국 독일을 무너뜨려 세상을 놀라게 하더니 또다시 스페인을 이겨 축구팬들에게 진한 감동을 선사했다. 경기 전 일본의 16강 진출이 어렵다고 예상했었으나 전 모스크바 월드컵에 이어 연속 16강에 진출하는 아시아 최초의 쾌거를 이루었다. 유독 영국 축구 전문 스포츠 매체는 일본이 16강에 진입하고 한국은 탈락을 보도했었다. 한국의 탈락 요인은 주장이며 스트라이커 손흥민과 주전 몇 명의 부상과 감독 벤투의 이강인의 배제다. 나와 같은 생각이었다. 나는 일찍부터 벤투 감독의 독선과 아집을 경계 염려했었다. 이름도 생소한 빌드업 축구를 구사한다며 4년의 세월을 보냈다. 이번 대표팀의 멤버 구성과 자질 능력은 역대 최고다. 그러면서도 그동안 성적은 그리 썩 만족할만하지 못했다. 그나마 손흥민 선수를 비롯한 해외파 몇몇이 패배를 선전하며 체면을 세웠다.

작년인가 숙적 일본에 4:1로 대패한 것은 역사적인 사건이다.

근래 내 고장 출신 황의조 선수가 슬럼프에 빠졌는지 플레이가 매끄럽지 못하다. 황의조 대신 이강인을 선발 기용했더라면 우루과이전부터 좋은 결과가 있었을 것이다. 벤투의 애제자 유독 황의조만 고집하다 대세를 망쳤다.

축구 감독은 25명 선수와 10여 명 코칭 스태프의 사령관이다. 월드컵 감독은 5천만 내국인과 1천만 해외 동포 교민의 사령관인 셈이다. 군대는 총사령관의 지휘 능력에 따라 전쟁의 승패를 가르며 국가 존립의 주요 요인이다. 모든 조직과 단체는 리더의 능력에 따라 생명이 좌우된다.

오케스트라의 실력은 탁월한 지휘자의 지휘 능력과 단원의 조화에 따라 성공 여부를 결정한다. 일본 대표팀의 감독은 국내파이고 우리 대표팀 감독은 거금을 들여 투자한 해외파 감독, 용병인 셈이다. 그런데 성적은 극과 극, 하늘과 땅, 천당과 지옥, 정반대 현상이 나타났다.

나는 진즉부터 16강 탈락을 예견했었다. 주전에 너무 의존하고, 감독의 불통과 작전 실패, 선수 기용의 미스, 주전의 부상을 대비하여 예비 선수를 육성했어야 했었다. 주전 선수에 대한 의존도가 너무 높다. 예비후보 육성의 성공 사례가 스트라이커 조규성 선수다. 그동안 축구 신동, 20세 미만 월드컵 MVP 이강인 선수를 너무나 홀대했었다. 스페인에서 20여 시간 비행기를 타고 와 친선 경기마저도 단 1초도 뛰지 못하고 돌아갈 때 그의 심정은 얼마나 쓰렸을까. 축구 신동이 체격이 작아 경쟁력이 없다고. 축구 황제 펠레나 마라도나 메시도 키가 작다. 2002 한일 월드컵 당시 포르투갈 대표 선수였던 벤투 역시

키가 큰 편은 아니다.

매스컴도 문제다. 대표팀에 대해 쓴소리에 인색했다. 축구계 인사들도 그렇고 대한 축구 협회의 책임 또한 크다. 벤투 감독 칭찬 일색이었다. 이번 포르투갈전 승리는 벤투가 그라운드에 없었기에 승리했다고 단언한다. 본선 2차전 가나와의 경기 끝판에 주심에게 항의하다 레드카드를 받고 관람석 신세가 됐기 때문이다. 대신 진두지휘한 수석 코치의 힘도 컸고, 감독 없는 경기를 하다보니 주장 손흥민을 비롯하여 모든 선수들이 똘똘 뭉쳐 혼신을 다해 초인적 능력을 보여 줬기 때문에 극적인 승리를 한 것이다.

근래 일본의 축구 실력이 우리나라를 앞선다. 그동안 한일전은 민족 의식과 반일 감정에 의한 피해 의식과 정신력의 승리였다. 스포츠는 과학이다. 축구는 과학과 예술을 접목한 인류 최고의 스포츠다. 일본은 축구 선진국에 유소년 시절부터 축구 유학을 보내 육성한 선수들이 왕성히 활동하고 있다. 이번 월드컵 성적이 말해주듯이 대표 선수 대부분 유럽 리그와 축구 선진국 브라질 유학파 신예들이다. 앞으로 우리가 일본에 뒤지지 않으려면 더 많은 투자와 대비를 하여야 한다. 이웃 나라 일본에 가진 피해 의식을 축구로 되갚았으나 영원할 수 없을 것이다.

이번 월드컵이 끝나면 벤투는 물러나겠지만 차기 감독 재계약을 절대 반대한다. 다른 감독 출연을 기대한다. 혼신의 노력을 다한 국가대표 축구 선수들에게 영광과 축복을 드린다. 그들이 있기에 지금 나는 즐겁고 행복하다.

2022. 12. 03.

정치판이 축구판이라면

이제 지구촌 축제 2022 카타르 월드컵은 끝났네.
현세대 축구의 신 아르헨티나의 리오넬 메시
차세대 축구 황태자 프랑스의 킬리안 음바페
두 선수 대결은 용호상박 그야말로 정말 멋졌네.
남미 대륙과 유럽 대륙의 기 싸움은 정말 치열했었네.
축구 선진국 대결은 멋진 최고의 드라마였네.
펠레, 호나우두의 브라질 신기 축구를 뛰어넘어
축구를 예술의 경지로 이끌며 승화시킨 두 나라

2022년 12월 19일 자정부터 새벽까지 골때리는 결승전
월드컵 100년 역사상 최고 최상의 빅게임이었고 쑈였네
노련한 메시가 한 골 넣으면 활기찬 음바페가 응수하고
삶과 죽음의 목숨을 건 로마 콜로세움 검투사의 운명처럼
정규전 90분+연장전 30분 지연 시간 10분 혈투 끝에 3:3 무승부

그래도 진검승부 가릴 수 없어 잔인한 승부차기 4:2
신은 공정하게 지는 해 메시의 손을 들어줬네.
뜨는 해 음바페에겐 다음 기회의 희망을 약속하며

이 냉철하고 준엄한 스포츠의 승부 세계처럼
우리네 정치판도 정의롭고 냉엄했으면 얼마나 좋을까?
핸드볼과 페널티, 내로남불은 절대 상극 철천지 원수
하찮은 정치꾼들이 세상의 역사와 운명을 뒤바꿔 놓네.
정치 후진국을 벗어나 축구 선진국이 되려는 게
우리 국민 민초들과 나라의 꿈일까? 망상일까?
정치꾼들이 국가 대표 축구 선수 손흥민의 파인플레이
반만이라도 흉내 내줬으면 이상국理想國이 될 텐데 너무 아쉽다네.

조국과 개인의 명예를 위해 이름을 빛냈던
펠레, 가린샤, 푸스카스, 에우세비오, 마라도나,
호나우두, 히바우두, 루메니게, 뮐러, 야신,
스테파노, 크루이프, 플라티니, 지단, 앙리, 퐁텐,
루니, 베컴, 크로제, 차범근, 허정무, 박지성.
한 세대를 풍미한 스타들은 전설이 되고 정치는 역사가 되듯이
한 세대 우리에게 열광과 기쁨을 주었다가 명멸한
스타들의 이름 되새기며 정치꾼들의 진화와 각성을 기대해보네.

2022. 12. 19. 새벽, 카타르 월드컵 결승전을 시청하고

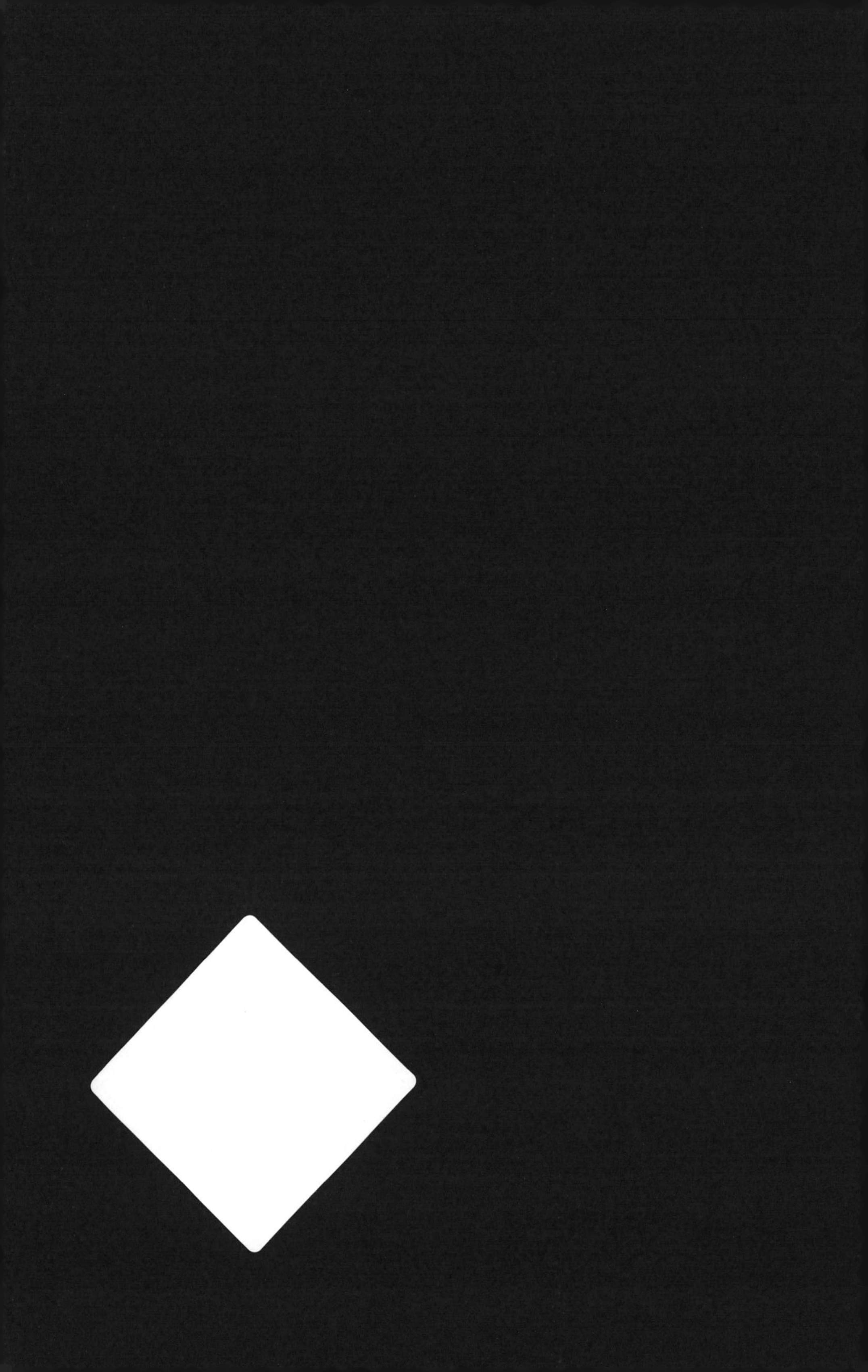